残酷すぎる幸せとお金の経済学

拓殖大学教授
佐藤一磨

プレジデント社

はじめに

いきなりですが、質問です。

人生の中で幸福度がもっとも低い「幸せのどん底」は、何歳でやって来るでしょうか？

読者の中には「えっ！　幸せの度合いって年齢によって変わるの？」と驚かれた人もいるでしょう。中には「そもそも幸せって人によって感じ方が違うはずだし、年齢による幸せの変化も人それぞれなんじゃないの？」と考える人もいるでしょう。

これらの疑問は至極もっともなものです。じつは、これらの疑問に答える研究分野がここ30年間で発展してきました。

それが**「幸福の経済学」**です。

幸せはもともと哲学や倫理学、心理学の分析対象でしたが、１９９０年代以降に経済学でも分析されるようになってきました。

「幸福の経済学」の大きな特徴は、多くの人にアンケート調査を行ない、幸せを定量的に把握しようとする点と、経済学の考え方を用いて分析する点です。「幸福の経済学」では、私たちの幸せを数値的に計測し、統計的手法、より具体的には計量経済学という方法で分析し、幸せに影響する要因を明らかにしていきます。

冒頭で聞いた「人生の中での幸せのどん底」の質問も、「幸福の経済学」で研究が進んでいます。**研究の結果、平均的に見て、48・3歳のときに人生のどん底に直面することがわかっています。**人生のどん底に直面する年齢は、国によってやや差が出るのですが、だいたい50歳前後に集中しているようです。

このように「幸福の経済学」の研究によって、幸せに関するおもしろい事実がわかってきているのですが、これまであまり広く紹介されてきませんでした。そこで、本書では私たちの幸せに関する興味深い分析結果をわかりやすく紹介していきたいと思います。

もう一つ質問です。

男性と女性では、どちらのほうが幸福度が高いでしょうか？

日本では家庭や仕事面だけでなく、社会全体で男性の優位性が強く残っています。この状況を考えれば、「男性のほうが幸せなのかな？」と思ってしまいがちです。

しかし、この答えは、女性です。男女を比較すると、日本では平均的に見て、女性の幸せの水準のほうが男性よりも高くなっています。じつは、日本は世界的に見ても男女間の幸せの格差が大きい国です。幸せに関して言えば女性優位だと言えるでしょう。しかも、直近の20年間で男性の幸せの水準は低下傾向にあるため、「幸せの男女間格差」は拡大しつつあります。

それでは最後に、もう一つ質問です。

子どものいる既婚女性と、子どものいない既婚女性では、どちらのほうが幸せの水準が高いでしょうか？

子どもは夫婦の愛の結晶であり、かけがえのない家族です。また、多くの場合、子どものいる家庭にはポジティブなイメージがともないます。これらを考慮すると、子どものいる女性のほうが幸せそうです。

しかし、この答えは、なんと、子どものいない既婚女性です。研究の結果、日本では子どもを持つことによって幸せの水準が下がることがわかりました。日本の社会全体で見れば子どもの数を増やしたいのですが、女性の幸せを犠牲にしなければならないわけです。これは日本社会が直面する大きな矛盾だと言えるでしょう。

以上、三つの質問について考えていただきましたが、本編ではさらに詳細に分析していきます。「幸福の経済学」ではほかにも「えっ！　そうなの！」と思ってしまうような、興味深い研究成果がザクザクとわかってきており、本書ではその成果をわかりやすく伝えていきたいと思います。

なお、本書で紹介する内容はすべて学術論文の結果に基づいているため、一定の信頼がおけます。ただ、そうは言っても、数式はいっさい出てきません。折れ線グラフや棒グラフで結果を示しているため、一目見れば内容を把握できるようになっています。通勤時、カフェや寝る前のリラックス時のおともに、気軽に読んでいただければ幸いです。

「幸福の経済学」は衝撃の事実を明らかにする

さて、私自身、もとから幸福の経済学に興味があったわけではなく、研究の過程の中で徐々にこの分野に足を踏み入れました。そのきっかけとなったのは、**「日本の女性における幸せの特徴」**を明らかにしたいと思うようになったからです。

私のもともとの専門分野は、人々の就労や賃金を分析する労働経済学です。女性の就業行動の変化を分析していく中で気になったのが、女性を取り巻く環境の変化でした。昭和、平成、令和と時間が過ぎていく中で、日本の女性は「結婚・出産後専業主婦モデル」から「結婚・出産後も就業モデル」へと変化し、近年では「結婚・出産後も就業＋社会で活躍モデル」へとさらに姿を変えています。また近年では「未婚＋就業継続」も存在感を増しています。

このように変わっていく女性の姿を見ると、**「大変なのではないか」**と素朴な感想を持ちました。

もちろん女性の中にはうまく環境の変化に適応し、結婚、出産、子育て、社会での活躍を達成する人もいると思います。しかし、日本では女性に家事・育児負担が偏る性別役割分業意識が依然として強く、仕事との両立が難しい環境にあります。

このため、女性の中には外部環境の変化に対応できず、何かを諦めざるをえなかったり、無理せざるをえない人もいるのではないかと思いました。

この点をデータで検証できないかと思い、着目したのが幸福度でした。そして、幸福度を用いて分析した結果、現時点では次のような結論を得ています。

日本における幸せな女性の特徴は、「未婚」よりも「既婚」、「共働き」よりも「専業主婦」、そして「子あり」よりも「子なし」である。

「既婚・専業主婦・子なし」の女性の幸福度が最も高くなるというのが日本の現状であり、背景には性別役割分業意識による女性の大きな家事・育児負担と、それに最適化された外部労働市場環境があると考えられます。

本書ではこれらの点をデータに基づいて詳しく説明していきたいと思います。もちろん、本書では男性にも関連が深い、お金や仕事、年齢による幸福度の変化などに関する分析結果についても述べています。女性だけでなく、男性の幸せの決定条件も明らかにしていくことが本書の狙いです。

本書の構成

本書は、序章、「第1部　お金と仕事編」、「第2部　結婚・子育て・離婚編」、「第3部　男女、年齢編」、終章の五つのパートに分かれています。

序章では、「幸福度をどのように測定するのか」と「幸福度の測定方法は信頼できるのか」について答えていきます。序章では個々人によって感じ方の違う幸せを、いかに数値で把握し、それが信頼できるものであるのかを解説します。また、序章では幸福の経済学の分析の基本的な考え方も簡単に説明したいと思います。

「第1部　お金と仕事編」では、お金と幸福度の関係（第1章）、そして、仕事と幸福度の関係（第2章）について述べていきます。第1章のお金と幸福度の関係では、多くの人が気になるであろう「お金があれば幸せになれるのか、また、もしそうであれば、どの程度のお金があればいいのか」という問いに答えていきます。第2章の仕事と幸福度の関係では、昇進と幸福度の意外な関係について解説していきます。

「第2部　結婚・子育て・離婚編」では、結婚と幸福度の関係（第3章）、子どもと幸福度の関係（第4章）、離婚と幸福度の関係（第5章）、そして家族構成が子どもの人生に及ぼす影響（第6章）について述べていきます。

第3章、第4章、第5章では、結婚、出産、離婚といったライフイベントによって、幸福度がどのように変化するのかを明らかにしていきます。これらの章で明らかにしていきたいのは、「結婚すれば本当に幸せになれるのか」、「子どもは幸せをもたらすのか」、「離婚は本当に不幸の入り口なのか」という疑問です。本書ではとくに第4章の子どもが親の幸せに及ぼす影響について多くのページを割き、その実態を明らかにしています。

第6章では、家族構成といった自分ではコントロールできない要因が、じつはさまざまな面に影響することを述べていきます。この中で、ブラザーペナルティや長男プレミアムといったふだん聞きなれない言葉についても解説していきます。

「第3部　男女、年齢編」では、男女別の幸福度の推移（第7章）、そして年齢と幸福度の関係（第8章）について述べていきます。第7章では、「日本の男性と女性の幸福度が直近の20年間でどのように変化してきたのか」を明らかにしていきます。第8章では、「年齢とともに幸福度がどのように変化するのか、中でも幸福度が最低となるのは何歳なのか」といった疑問について答えていきます。

終章では、これまで見てきた幸福度に関する分析結果をもとに、「幸せの決定条件」について考えてみたいと思います。

なお、本書の序章は、すべての章の前提となっている幸福度の計測の仕方を説明しているため、まず「はじめに」から読むことをお勧めします。これに対して、本書の序章以降の各章は独立しているため、どこから読んでいただいても大丈夫です。興味のある章から気軽に読んでいただければと思います。

それでは〝幸せの正体〟を見つける旅に、出かけましょう。

目次

第2章

出世すると幸せになれるのか

——仕事と幸せの経済学

第2部 結婚・子育て・離婚編

第3章

結婚したら幸せになれるのか

——結婚と幸せの経済学

第4章 「子どものいる女性ほど幸福度が低い」のはなぜか——子育てと幸せの経済学

第5章

離婚したら不幸せになるのか

――離婚と幸せの経済学

第6章 「家族ガチャ」で人生は変わるのか

――きょうだい構成と幸せの経済学

第3部 男女、年齢編

第7章

なぜ日本の男性は幸福度が低いのか

――男と女と幸せの経済学

第8章 「幸せのどん底」は何歳でやって来るのか ―― 年齢と幸せの経済学

序章

「幸せ」の測り方

「幸せ」をどうやって測るのか？

本書では幸福度について、さまざまな視点から分析した結果を紹介していきます。その準備として、本章では簡単に「そもそも幸福度とは何なのか」という点を説明したいと思います。

幸福度と聞くと、みなさんはどんなイメージを持つでしょうか。

「幸せを測ったもの？」
「宗教 or スピリチュアルっぽい？」
「あんまりよくわからない」

さまざまなイメージがあるかと思いますが、幸福度は「各個人の幸せの程度」を示す指標です。こう説明するとそのまんまなのですが、よく考えると多くの人が次の二つの疑問を口にします。

①幸せの程度は目に見えないのに、それをどうやって測るのか？
②幸せは主観的な指標であり、各個人で感じ方が違っているはずだ。そんなものを分析しても意味がないのではないか？

これらの疑問を持つのはもっともですし、痛いところを突いています。この疑問に一つずつ答えていきたいと思います。

まず、最初の疑問点ですが、経済学における幸福度の測定には主にアンケート調査を使っていきます。そして、アンケートでは次のような質問文を使っています。

「全体として、最近の生活はどのような感じですか。とても幸福ですか、かなり幸福ですか、あまり幸福ではありませんか」

この質問はアメリカのシカゴ大学が実施する総合的社会調査（General Social Survey）で実際に使用されており、回答の選択肢は、①とても幸福、②かなり幸福、③あまり幸福ではない、の3段階です。ほかの調査の場合、回答の選択肢が5段階や10段階になる場合がありますが、質問文は「全体的に見て、あなたは最近の生活でどの程度幸せだと感じていますか」というかたちを崩すことはありません。これが幸福度を計測する学術的な研究のスタンダードとなっています。

幸福度は信頼できるのか？

この質問文を見て、多くの人が「なんてシンプルなんだ」と思われるのではないでしょうか。じつは私もまったく同じ感想を持ちました。同時に「こんな大雑把な質問で本当に適切に幸福度を測れるのか？」という疑問を持ちました。

結論から言えば、この質問文でも問題ありません。

この質問文を使用するにあたってさまざまな検証が行なわれており、幸福度の計測に信頼のおけるものだと確認されています。ちなみに**検証は安定性、有効性、一貫性、多国間の比較可能性という四つの視点から行なわれています。**

安定性では、「同じ質問をあとでもう一度受けても回答に変化が見られないか」という点を検証しており、ほかの機会に同じ質問をされても回答に大きな変化が見られないことがわかっています。[*1] 回答結果がブレブレになるわけではない、ということです。

次の有効性では、「幸福に関する質問の回答が個人の感情を適切に反映しているのか」、それとも「なんらかのバイアスによって幸福度を大きめ、もしくは小さめに回答しているのではないか」という点を検証しています。検証の結果、バイアスは全体では問題ないことがわかっています。[*2]

一貫性では、「幸福を感じていると回答した人ほど、ほかの間接的な幸福指標でも同じ傾向を示すのか」を検証しています。検証の結果、幸せだと回答した人ほど、配偶者、その他家族、友人などからも幸福だと評価され、笑顔が多く、社交的であり欠勤が少なく、将来に対して楽観的であることがわかっています。[*2] 幸福度の計測結果がほかの指標としっかり関連しているというわけです。

最後の多国間の比較可能性ですが、違った文化的背景を持つ人に同じ質問を行ない、質問の理解の内容が異なるのかを検証しています。検証の結果、回答者が属する文化的背景にかかわらず、質問内容が同じように理解されることがわかっています。[*3] 国が違っても、質問文への理解は同じだというわけです。

以上の検証結果から、**幸福度に関する質問文は、シンプルではあるものの、信頼できる**と言えます。

幸福度の分析に意味はあるのか？

続いて二つ目の疑問に答えていきたいと思います。

確かに幸福の感じ方は人それぞれであり、同じことを行なっても幸福度に及ぼす影響には違いが出てきます。このままではとても分析することはできません。そこで、幸福度に関する調査を100人、500人、1000人……と数多くの人に行ない、そこからどのような規則性があるのかを調べていきます。

ある特定の個人に注目するのではなく、多数の人を調べ、それらの人々がどのような傾向を示すのかを検証していくわけです。

たとえば、フェイスブックやツイッター（現エックス）などのSNSの利用と幸福度の関係を考えてみましょう。SNSの利用には気軽に友だちとつながれたり、有名人の動向を知ることができるプラスの側面と、時間の浪費やキラキラした他人を見て逆に気分が落ち込むというマイナスの側面があります。感じ方は人それぞれであるため、個人ベースで見ていくと、SNS利用の効果を判断することは非常に難しくなります。

そこで、500人や1000人といった規模の大きい調査を行ない、SNSの利用と幸福度に関するデータを収集し、規則性を探っていきます。一人、二人ではわからないものが、大人数になるとある**一定の傾向**を示すようになるはずです。

この際、性別や年齢、学歴、就業状態、年収などの個人属性の違いをできる限りコントロールするため、統計的手法を用いて処理します。こうすることで純粋なSNS利用の効果を検証できるわけです。

幸福度に関する分析では、幸せの感じ方が個人で違うという課題に対処するためにも、できるだけ多くの人からデータを収集し、そこから規則性を見出そうとしているのです。

ちなみに、SNS利用の効果ですが、SNSの過度な利用によって、幸福度が低下することがわかっています。*4 フェイスブック、ツイッター（現エックス）、インスタグラムの利用と幸福度の関係を検証した最新の研究によれば、10日間の検証期間内において、毎日これらのSNSを多く利用する人ほど幸福度が低下する傾向が確認されました。*5 また、フェイスブックの利用を1週間やめた場合、幸福度が逆に向上したと報告する研究もあります。*6

これらの研究結果から、SNSの使いすぎは禁物だと言えるでしょう。

「幸せの決定条件」が見えてくる

幸福度に関する分析では、できるだけ多くの人からデータを集め、統計的な処理を行ない、そこから規則性を見出そうと試みています。近年の動向を見ると、まさにデータサイエンスとしての側面が強くなっていると言えるでしょう。

これらの分析をとおして明らかにしたいのは、**「私たちの幸せの決定条件」**です。


「お金があるほど幸せになれるのか?」

「結婚したほうが幸せになれるのか?」

「子どものいる女性と子どものいない女性では、どちらが幸せなのか?」

「離婚は不幸への入り口なのか?」

「若い頃と年老いたあとでは、どちらが幸せなのか?」

「人生の中で最も不幸な時期はいつなのか?」


これらの問いに答えていくことを通じて、私たちの幸せに影響する要因を明らかにするのが「幸福の経済学」の大きな目的の一つだと言えるでしょう。

ちなみに、幸福に関する研究はもともと哲学、倫理学、心理学で盛んであり、経済学はあとから参入してきました。参入の契機の一つとなったのは、心理学者のプリンストン大学のダニエル・カーネマン名誉教授による行動経済学の創始であり、その派生分野の一つとして徐々に分析が増えてきました。

幸福の経済学の大きな特徴は、データ分析を行なうことと、背景にある理論が経済学をベースにしている点だと言えます。ただ、本書では数式はいっさい登場しませんし、難しい経済理論もほぼ登場しません。分析結果のエッセンスをわかりやすい図や表で説明するよう努めました。

また、各章の最後にまとめをつけました。忙しい人は、まとめさえ読んでいただければ、おおよその内容が把握できますので活用してください。

第 1 章

幸せはお金で買えるのか

お金と幸せの経済学

お金があれば幸せになれるのか？

最初のテーマは、ズバリ「お金と幸せ」です。

お金の有無は私たちの生活と深い関連があり、おのずと幸せにも大きな影響をもたらします。お金がなく、衣食住がままならなければ幸せを実感するのは難しいでしょうし、逆に、お金が十分にあり、自分の欲しいものを買えて贅沢《ぜいたく》な暮らしができれば、誰しもが幸せを実感できるでしょう。

このように「お金がある＝幸せ」という関係がありそうだとわかりますが、冷静になって考えると、いくつかの疑問が出てきます。

まず、どの程度お金があれば幸せを実感できるのでしょうか。年収で見た場合、500万円でしょうか。それとも1000万円でしょうか。

また、持っている（もしくは稼げる）お金が増えるほど、幸せも比例して高まっていくのでしょうか。もしこの関係が成立するのであれば、富裕層の幸福度はかなり高いと予想されます。

本章ではこのような、お金と幸せに関する疑問に答えていきたいと思います。

幸せは1000万円で頭打ち

年収と幸福度に関しては、2010年に公表された、二人の研究者による非常に有名な論文があります。*[1]

著者の一人はプリンストン大学のダニエル・カーネマン名誉教授で、2002年に行動経済学を創始した貢献によってノーベル経済学賞を受賞しています。もう一人の著者はプリンストン大学のアンガス・ディートン教授で、彼も「消費、貧困、福祉」に関する分析の貢献で2015年にノーベル経済学賞を受賞しています。

二人のノーベル経済学賞受賞者による分析結果は、非常に興味深いものでした。

彼らはアメリカのギャラップ社が実施する1000人のアメリカ居住者を対象とした調査を用い、年収と幸福度の関係を分析しました。その結果、「年収が6万〜9万ドル（約840万〜1260万円）になるまで幸福度は上がり続けるが、それ以上になると幸福度が上昇しなくなる」ことを明らかにしたのです。

彼らの研究では年収をいくつかのカテゴリーで計測しており、6万〜9万ドルという年収カテゴリー以上になっても、幸福度が伸びないことを示しました。ちなみに、9万ドル以上の年収カテゴリーは9万〜12万ドル（約1260万〜1680万円）、12万ドル以上であり、分析対象となったサンプルも豊富にありました。

カーネマン名誉教授らの分析結果は、**「幸せになるには7・5万ドル（6万ドルと9万ドルの中間の値）まで稼げばいい」**という明確なメッセージとなり、その後の研究に大きな影響をもたらしたのです。

7・5万ドルというと、現在の為替レートでは約1000万円です。国税庁の『民間給与実態統計調査』（2021年）によれば、年収が1000万〜1500万円の給与所得者の割合は、日本人全体のわずか3・5%であり、確かにお金持ちというイメージがありま す。このため、「1000万円までがんばって稼げば幸せになれる」と言われれば、納得感があるでしょう。

しかし、この研究結果は、のちに覆されることになります。

最新の研究では、お金があるほど幸福度も高い

カーネマン名誉教授とディートン教授の研究から13年後の2023年、カーネマン名誉

教授はペンシルバニア大学ウォートンスクールのマシュー・キリングスワース上級研究員とペンシルバニア大学のバーバラ・メラーズ教授とともに、新たな研究を発表しました。[*2]

ちなみに使用したデータは3万3391人の働くアメリカ居住者を対象とした調査です。

この研究でも年収と幸福度の関係に注目しているのですが、以前とは違った結論となりました。

その結論を端的に言えば、**「年収が7・5万ドル以上になっても、幸福度は伸び続ける」**というものです。

より正確には、幸福度が低いグループと幸福度が高いグループに分けて分析した結果、幸福度が低いグループでは、年収と幸福度の関係がある一定で頭打ちになりますが、幸福度が高いグループでは、年収の増加とともに幸福度の上昇傾向がさらに強まる、という結果でした。幸福度が高いグループでは、年収が10万ドル（約1400万円）以上になると幸福度の伸びが加速しており、非常に興味深い結果となっています。

2023年の研究では、幸福度が低いグループと幸福度が高いグループに分けて分析しており、これが新しい結論に至る理由となりました。

じつは近年、幸福度が低いグループと高いグループでは、学歴や健康、就業状態といったさまざまな要因の影響が異なってくることが徐々に明らかにされており、カーネマン名誉教授らの研究もその流れの一つだと言えます。[*3]

いずれにしても、最新の研究結果は、**「お金持ちほど幸せになれる」**ことを意味します。

この結果は何を示唆するのでしょうか。

所得格差は幸福度格差につながるのか？

「お金持ちほど幸せになれる」ということは、社会の一部の富裕層が高い幸福度を実感し、それ以外の人々は相対的に低い幸福度となることを意味します。もし、社会全体の所得格差が大きい場合、幸福度の格差も大きくなる可能性があります。

私たちが生きる資本主義経済では、競争を前提としており、所得格差が生じるのは避けられません。ただ、所得と幸福度が連動している場合、大きな所得格差の存在は、幸福度の差につながる恐れがあります。

もちろん、「それが資本主義経済の結果だ」と言われればそれまでなのですが、やはりいきすぎた格差が存在する場合、なんらかの対処が必要でしょう。この点において政府の所得再分配政策は重要であり、格差への適切な対処が求められます。

ちなみに、所得格差の現状を見ると、アメリカでは2000年代以降、所得格差が拡大し続けています（図1）。所得格差はジニ係数という指標で計測するのですが、これは0〜1の値をとり、0に近いほど所得格差が小さく、1に近いほど所得格差が大きいことを意味します。

アメリカの2004年のジニ係数は0・360であり、2010年だと0・380、そして2018年には0・393となっており、ジリジリと上がっています。アメリカは日本以上の所得格差社会であり、これに連動して幸福度に格差が生じている可能性があるでしょう。

これに対して日本の所得格差はどうなのでしょうか。図1のジニ係数を見ると、2015年から2018年にかけて所得格差が緩やかに低下していることがわかります。2015年のジニ係数は0・339で、2018年には0・334となっており、低下傾向にありました。ちょうどアメリカとは真逆です。日本では一時期、所得格差の拡大に大きな注目が集まりましたが、その傾向はやや薄れつつあると言えるでしょう。

このような所得格差の縮小は、幸福度格差の縮小につながっている可能性があるため、

図1 日本とアメリカのジニ係数の推移

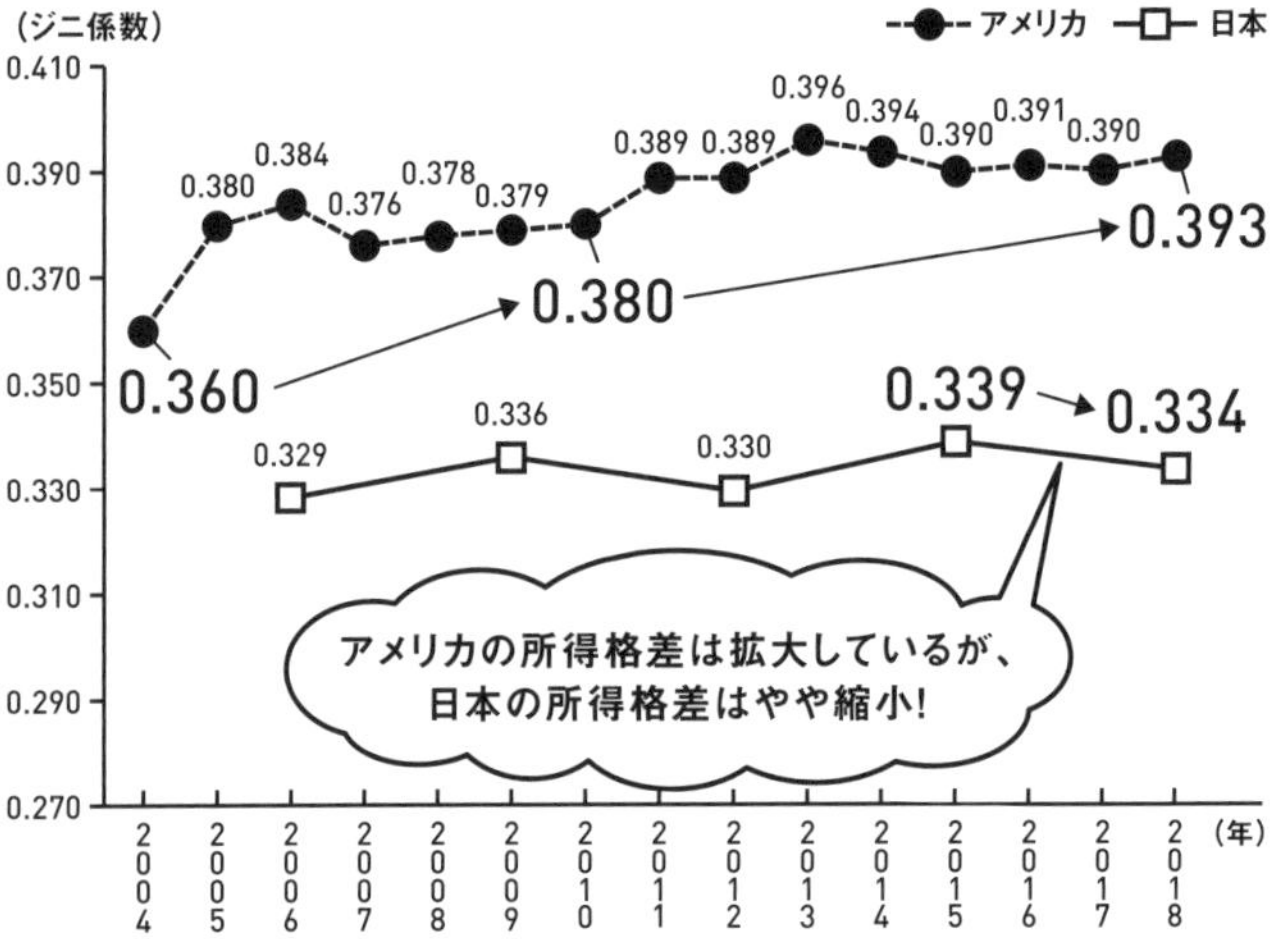

出典：OECD.Stat(https://www.oecd.org/)。なお、日本のデータは厚生労働省『国民生活基礎調査』を使用。

喜ばしいことです。ただし、コロナ禍以降の状況がまだわかっておらず、引き続き注視していく必要があります。

経済成長しても幸福度は上がらない

さて、次に見ていきたいのが国レベルでのお金と幸せの関係です。

国レベルでの代表的な経済指標と言えば、GDP（国内総生産）です。このGDPが時間とともにどんどん拡大し、国全体の経済規模が拡大していけば、経済成長していることになります。経済成長にともなって所得が増えれば、国民はいろいろなモノが買えるようになりますし、遠くに旅行へ行けるようにもなります。また、生活に余裕が出て健康にも気を遣えるようになりますし、子どもによりよい教育を受けさせることも可能です。

このため、自然な発想として経済成長は人々を幸せにすると考えられます。

しかし、これまでの研究をひも解くと意外な結果になっています。じつは**「経済成長と幸福度は関連がない」**ことが示されているのです。

経済成長と幸福度の関係について、これまでさまざまな研究が行なわれてきました。その中でもとくに注目を集めたのが、南カリフォルニア大学のリチャード・イースターリン教授が１９７４年に発表した論文です。[*4]

彼はこの論文の中で「一国の経済が成長しても、人々の幸福度の向上につながっていない」ことを明らかにしました。

経済の成長は人々に多くの恩恵をもたらすはずなのに、実際のところ幸せにつながっていないという逆説的な結果は、**「イースターリンのパラドックス」**と呼ばれています。

なお、イースターリン教授はアメリカのデータを用いていましたが、日本のデータを用いた分析に大阪大学の大竹文雄教授らの研究があります。[*5] この研究では、１９５８年から１９９８年の40年間における日本の実質ＧＤＰと幸福度の指標の一つである生活満足度の関係を検証しています。

この分析でも「ＧＤＰが上昇しても、生活満足度は向上していない」ことが明らかにされています。

なお、生活満足度とは、生活全般の満足度を5段階で計測したものであり、幸せの指標として幸福度と並び、多くの学術的研究で使われているものです。

他人との比較で幸福度が変わるワケ

なぜ経済成長しても幸福度は上昇しなかったのでしょうか。

これにはさまざまな仮説が提示されていますが、その一つに**「自分だけでなく、みんなが一緒に豊かになると幸せを実感できないのではないか」**という指摘があります。

メカニズムはこうです。所得が上がった際、生活水準の向上が幸福度を引き上げます。そして、もう一つの効果として、「自分の所得は周りのみんなよりも高い」という優越感が幸福度の向上に一役買っていることが考えられるのです。

たとえば、今まで月収20万円だった人が昇進によって月収30万円になった場合、幸福度は向上するでしょう。ここで、多くの同級生の月収が20万円だと知った場合、月収が上がったことによる満足感はさらに高まると考えられます。しかし、じつは同級生のみんながさらに昇進しており、軒並み月収40万だと知れば、昇進や月収増加の喜びは吹き飛んでしまうのではないでしょうか。

このように「周りのみんなと比較して、自分がどのポジションにいるのか」という点が幸福度に大きく影響すると考えられており、これを**相対所得仮説**と呼んでいます。自分以外の他人と暮らす人間社会において、**ほかの人と比べて自分のポジションが高いのか、それとも低いのかという点は重大な関心事であり、幸せにも深く影響する**わけです。

相対所得仮説の観点から経済成長の効果を考えた場合、自分だけでなく社会全体で所得が上がっていると所得増加の効果は薄れていきます。もしこの相対所得の効果が大きければ、経済成長によって社会全体の所得水準が上がっても幸せを実感しにくいという事態が生じるわけです。

「ほかの人より稼いでいる」
「ほかの人よりいい生活をしている」

これらの他者と比較した際の相対的な地位が幸せに無視できない影響を及ぼす点に、人間の業《ごう》の深さを感じてしまいます。

経済成長すると子どもの幸福度は低下する

「経済成長と幸福度は関連がない」という話をしてきましたが、じつは視点を変えると経済成長が幸福度に明確な影響を及ぼすケースがあります。

それは、子どもへの影響です。

「イースターリンのパラドックス」以降、経済成長と幸福度の関係についてさまざまな分析が行なわれるようになってきましたが、その多くが成人した男女の幸福度を扱っていました。背景にあったのはデータの制約であり、多くのデータが大人にしか幸福度を調査していなかったのです。しかし、近年では子どもの幸福度も調査したデータが徐々に増え、経済成長が子どもの幸福度に及ぼす影響についても分析されるようになっています。

経済成長が子どもの幸せに及ぼす影響を検証すると、意外なことに**「経済成長によって子どもの幸福度が低下する」**ことがわかったのです。

この分析を行なったのは韓国の高麗大学校のロバート・ランドフル教授らで、２０１８年のＯＥＣＤ（経済協力開発機構）の学習到達度調査（ＰＩＳＡ）を用い、15歳の子どもの生活全般の満足度と経済成長の関係を分析しました。[*6]

分析の結果、一人当たりGDPの高い国の子どもほど、生活全般の満足度が低くなることがわかりました。彼らの計算によれば、もし一人当たりGDPが2倍になった場合、48%ほど生活全般の満足度が低くなっていました。また、一人当たりGDPの高い国の子どもほど喜びや安堵《あんど》などのポジティブ感情が低く、悲しみや怒りなどのネガティブ感情が高くなっていたのです。

これらの結果は、**「経済成長が必ずしも子どもの幸せにつながっていない」**ことを示しています。

この結果はなかなかショッキングですが、なぜこのような事態が生じてしまうのでしょうか。じつはこの背景には、経済成長が子どもにもたらすプラスの影響とマイナスの影響のうち、マイナスの影響のほうが強くなっているというメカニズムがあります。

経済成長のプラスの影響について言えば、生活水準の向上があります。

経済成長によって親の所得が上昇すれば、それにともなって子どもの衣食住の質も改善していきます。これは子どもの健康状態の向上にもつながるでしょう。また、経済的に余裕ができれば、習い事やより高い教育を受ける機会も増えていきます。さらに、経済成長によって国全体が豊かになれば、貧困を原因とした犯罪に巻き込まれる割合も低下すると考えられます。このように経済成長は子どもに多くの恩恵をもたらします。

これに対して経済成長のマイナスの影響は、幼年期からの勉学にさく時間の増大です。経済成長にともない、より高度な技能を持った人材への需要が社会的に増加します。経済成長によって第1次・第2次産業から金融やITといったサービス業を中心とした第3次産業の比率が高まるため、高度な知識や思考力が求められるようになってきます。近年、「数理・データサイエンス・AI」の重要性が高まっているように、明らかに以前よりも求められる技能が高くなっています。これらの技能は簡単に身につくわけではなく、早い時期からさまざまな知識を積み上げていく必要があります。

この結果、幼少期からの継続的な学習が重要となり、勉学にさかれる時間が増大していくわけです。もし、この勉学にさかれる時間が多すぎる場合、子どものメンタルヘルスの悪化や幸福度の低下につながる恐れがあります。もちろん、中には勉学に適性があり、さまざまな習い事や長時間の勉強に耐える子どももいますが、全体で見ると疲弊してしまい、幸福度の低下傾向が観察されるわけです。

この点に関連して、ランドフル教授らが子どもたちの直面する学習状況と生活全般の満足度の関係について分析した結果、PISAで実施したテストの点数が高かったり、学校で生徒が互いに競争しているという意識が強いほど、生活全般の満足度が低下することがわかりました。また、子どもたちの直面する学習状況の影響を統計的手法によってコントロールした場合、経済成長の負の影響は半分程度にまで落ち込みました。

この結果は、経済成長による教育状況の違いが子どもの生活満足度低下の大きな原因になっていることを示すと考えられます。

これまでの議論が示すとおり、経済成長は子どもの幸せに必ずしもつながっていません。経済成長が子どもに多くの恩恵をもたらすことは間違いないのですが、その社会で豊かな生活を維持していくためには勉学にさく時間を増大させる必要があり、それが子どもたちの幸福度を低下させてしまうと考えられます。

これは、国が豊かになったがゆえに出てくる新たな課題だと言えるでしょう。

そして、この課題に今まさに直面しているのが韓国です。韓国は2000年以降、年平均の経済成長率が約3・8%と高く、国全体が豊かになっています。しかし、受験に向けた競争は厳しく、子どもたちは多くの時間を勉学にさく必要あります。[*7]

今回紹介した論文は世界の子どものデータをもとにしたものですが、著者であるランドフル教授らは韓国在住であり、韓国の子どもの直面する状況を見て論文の着想に至ったのかもしれません。

まとめ

本章では「お金と幸せ」に関するさまざまな研究を紹介しました。内容の要点をまとめると以下のとおりです。

①これまでの研究では、年収が約7・5万ドル（約1000万円）になると幸福度は頭打ちとなり、それ以上年収が増えても幸福度が上昇しないと指摘されていた。

②しかし、2023年に公表された研究では、年収の増加とともに幸福度が伸び続けることがわかった。

③国レベルで見た場合、経済成長と幸福度には関連がない。

④しかし、子どもへの影響を見ると、経済成長によって子どもの幸福度が低下する。この背景には、経済成長とともに子どもの勉学にさく時間が増大し、疲弊してしまうことが影響していると考えられる。

第2章

出世すると幸せになれるのか

仕事と幸せの経済学

昇進と幸福度の知られざる関係

みなさんは『宇宙兄弟』というマンガをご存じでしょうか。

小山宙哉先生の作品で、主人公の南波六太が上司に頭突きをしてしまい、会社を退職したあと、宇宙飛行士を目指すという物語です。この作品は一介のサラリーマンだった男性が宇宙飛行士になるまでのサクセスストーリーを描いており、マンガだけでなくアニメや実写映画にもなった大ヒット作なので知っている人も多いでしょう。

この作品の中で、主人公の南波六太にとって宇宙飛行士は「ドリームジョブ＝夢の仕事」であり、苦労は多々あれど、宇宙飛行士として働くことが幸せにつながっていると考えられます。彼の例は、仕事をとおして自己実現や社会的名声を得ており、まさに「仕事＝幸せ」という関係が見られるケースでしょう。

しかし、**彼のような例は稀《まれ》なのではないでしょうか。**

現実世界を見ると、「仕事＝幸せ」という関係があるか怪しいところです。というのも仕事は大変なことばかりです。長い労働時間、十分ではない賃金、求められる高い成果、上司をはじめとした職場の人間関係、セクハラやパワハラのリスクなどなど、ネガティブな要素にこと欠きません。お金のためと割り切って働き続けている人も少なくないのではないでしょうか。

このように実際の仕事には大変な面が多いわけですが、そんな中でも多くの人がうれしいイベントとして認識しているものがあります。

それは昇進です。職場内での昇進は昇給をともなうだけでなく、権限も拡大します。また、さらなる出世への足がかりになるため、雇用されて働く多くの人が管理職への昇進を目標の一つにしていると考えられます。

しかし、近年の調査では逆の結果が出ています。**管理職になりたくない人が増えているのです。**

厚生労働省の『平成30年版　労働経済の分析』によれば、非管理職の61・1%が「管理職に昇進したいと思わない」と回答しています。[*1] 昇進を望まない理由として、「責任が重くなる」「業務量が増え、長時間労働になる」などが挙げられています。

この結果から、「管理職に昇進しても苦労するだけで、幸せになれない」と考えている人が増えている可能性が考えられます。はたして実態はどうなのでしょうか。

本章では働くといった中でも、管理職への昇進に注目し、幸福度との関係を見ていきたいと思います。

「職階が低い人ほど不健康」は本当か

まず、海外の研究例から見ていきましょう。管理職で働くことの影響を分析した代表的な研究にブリティッシュ・ホワイトホール・スタディがあります。この研究ではイギリスのロンドンの公務員を対象に、健康に影響を及ぼす要因を幅広く検証しました。ちなみに、ホワイトホールとはロンドンの中央官庁、ダウニング街、英議会議事堂ウェストミンスター宮殿などをとおる道路を指しており、日本でいうところの霞が関といった感じです。

この研究は1万人以上を継続して追跡調査しており、その豊富なサンプルを活用した分析結果はその後の研究に大きな影響を及ぼしました。研究結果の中でも健康と仕事の関係を見ると、興味深い分析結果が得られています。

低い職階で働く人ほど心疾患のリスクが高く、死亡率の上昇やメンタルヘルスの悪化につながることがわかったのです。[*2]

この結果は「低い職階=低い健康度」を示しているわけですが、言い換えれば、「高い職階＝高い健康度」という関係があることを意味します。背景にあるロジックはこうです。高い職階だとお金もあり、健康に気を遣うことができます（例：お昼はジャンクフードじゃなく、少し高くてもいいから栄養価の高い食べ物にしよう）。また、高い職階だと職場内の権限も大きく、仕事の進め方もコントロールしやすくなります。これらが総じて健康にプラスに影響するというわけです。

「高い職階＝高い健康度」という結果は、シンプルでわかりやすく、多くの人を納得させるものでした。しかし、ブリティッシュ・ホワイトホール・スタディの研究には懸念が一つありました。

それは調査対象の範囲です。

ロンドンの公務員が調査対象者であったわけですが、民間企業の労働者が抜け落ちていますし、地域もロンドンという都会のみで、その他地域の状況がわかりません。日本にたとえれば、霞が関の官僚のみを分析対象としているものであり、そのほか多くの民間企業で働く人々がスポッと抜け落ちている状況でした。さすがにこれでは対象範囲が狭いかなと思わざるをえません。

そこで、この課題を認識した研究者が一国全体の民間企業も調査対象に含めたデータを用い、管理職で働くことの影響を検証しようと考えました。そして、実際にいくつかの研究が発表されました。

これらの研究結果は非常に興味深いものでした。なぜなら、ブリティッシュ・ホワイトホール・スタディとは真逆の結果だったからです。

健康な人ほど昇進するがメンタルを病む

スターリング大学のクリストファー・ボイス博士らのイギリス全土の民間企業の就業者も含んだデータを用いた分析の結果、次の2点が明らかになりました。*3

1点目は、**「もともと健康状態がいい人ほど管理職に昇進」**していました。管理職への昇進が健康を改善する傾向は十分に確認できませんでした。

2点目は、**「管理職に昇進した3年後にメンタルヘルスが悪化」**していたのです。

ボイス博士らの研究結果をまとめると、健康状態がいい人ほど昇進するが、昇進後にメンタルヘルスは悪化すると言えるでしょう。メンタルヘルスが悪化するということは、健康状態が良好ではないでしょうし、幸福度も少なくとも向上していないと考えられます。

この結果は、ブリティッシュ・ホワイトホール・スタディと真逆だと言えるでしょう。
ちなみに、イギリス以外のデータを用いた研究でも、昇進のプラスの影響を確認できませんでした。たとえば、オーストラリアのデータを用いたモナシュ大学のデビッド・ジョンストン教授らの研究では、**昇進によって生活全般の満足度が影響を受けていないこと**を明らかにしています。[*4]
これ以外にも、スイスのデータを用いた研究で、昇進によって抑うつ症状と自己診断による健康度が悪化したことを示す結果もあります。[*5]
以上の分析結果から明らかなとおり、民間企業も含めたデータを使って分析すると、管理職への昇進は健康、とくにメンタルヘルスの悪化を引き起こすと考えられます。これらの結果は、管理職で働くことの負担が大きいことを示しており、ショッキングです。
さて、ここで気になってくるのが日本の結果です。はたして日本では昇進と健康・幸福度の関係はどうなっているのでしょうか。

管理職に昇進しても幸福度は上がらない

日本については私が行なった分析から、次の三つの結果が得られています。[*6] 使用したのは、慶應義塾大学が実施している『日本家計パネル調査』というデータです。このデータの2011~2020年までの男性約1万4000人、女性約1万3000人を分析対象とし、管理職への昇進と幸福度や健康の関係を分析しました。なお、分析対象の年齢は、退職前の59歳以下です。

まず一つ目の結果は、**「管理職に昇進しても幸福度は上昇しない」**というものです。この結果は男女両方に共通しており、昇進1年前から昇進3年後時点まで幸福度の増加傾向は確認できませんでした。残念ながら「管理職に昇進することが幸せにつながる」という明確なエビデンスはなかったのです。

二つ目の結果は、男女とも管理職で働くことで年収が増加したのですが、所得に対する満足度は上昇していないというものでした。**年収は増えたけど、満足していない**。これは、管理職で働くことの金銭的な報酬が十分ではない可能性を示しています。

また、管理職で働く女性のみの場合で、余暇時間満足度と仕事満足度が低下していました。女性の場合、管理職への昇進後、余暇時間の質や量が低下したり、仕事の負担が重くなって「しんどい」と感じることが多くなったと考えられます。背景には、女性が管理職として働く環境が十分に整備されていないか、家庭との両立が難しいといった点が影響していると予想されます。

三つ目の結果は、女性では管理職に昇進した2年後、男性では管理職に昇進した1〜3年後に自己評価による健康度が悪化したというものでした（図1）。次ページの図1は1〜5の5段階で評価した健康度が管理職への昇進後にどう変化したのかを示しています。この図では0より小さい値だと健康度が悪化したことを意味するのですが、男女とも昇進してから健康度が悪化しています。

昇進直後だと環境の変化もあって疲れ気味になり、健康度が悪化するのはわかるのですが、それが数年間にわたるということは、そもそも管理職が忙しく、健康を代償にしないと続けられない職務内容だと考えられます。これでは管理職になりたくない人が増えるのも納得できます。

以上の結果をまとめると、**「日本では管理職に昇進しても幸福度は上昇しないし、健康状態は悪化する」**と言えます。

図1 昇進前後の自己評価による健康度の変化

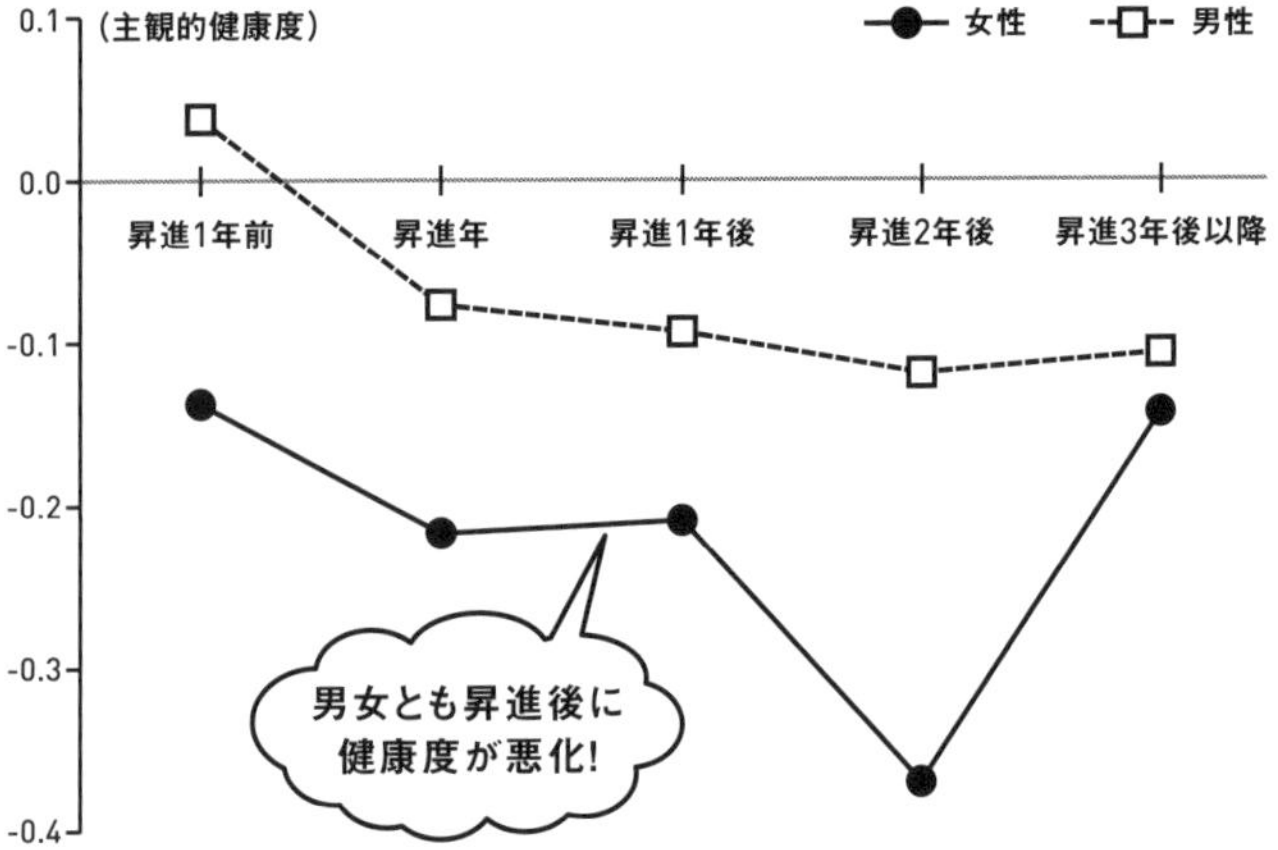

出典：佐藤一磨（2022）「管理職での就業は主観的厚生と健康にどのような影響を及ぼしたのか」PDRC Discussion Paper Series, DP2022-002。図中の値は昇進2年前の時点を基準とした自己評価による健康度（1から5の5段階で評価）の変化を示している。女性の場合、昇進2年後、男性の場合は昇進1年後以降の値が統計的に有意な値となっていた。推計手法は固定効果回帰分析である。

なぜ管理職に昇進しても幸福度は上昇しないのでしょうか。この理由として、仕事から得られる報酬と負担が相殺《そうさい》し合っている可能性が考えられます。

管理職へ昇進すれば確かに年収は上がりますし、対外的な地位も向上します。地位が高くなることによって達成感を得ることができるでしょう。また、家族がいれば昇進の喜びを分かち合うこともできます。

しかし、同時に業務量や労働時間、責任が増え、苦しくなっているのではないでしょうか。自分の仕事に加え、部下のマネジメント業務も加わり、やることは増えていきます。また、近年ではセクハラ、パワハラにならないよう注意も必要となるため、神経をすり減らすことも増えているでしょう。

さらに、働き方改革関連法の施行によって時間外労働の上限規制が強化され、残業がしにくくなっている中、終わらなかった仕事を管理職が引き受けている可能性があります。これも管理職の負担を増大させる一因となっていると考えられます。

このように、管理職になることのプラスの効果とマイナスの効果が相殺し合い、幸福度が上昇していないと考えられるのです。このような状況が続けば、男女問わず管理職になりたいと考える人が減ってしまっても不思議ではありません。

これらの課題に対処するためにも、管理職の労働環境の改善が重要になってきます。まず、簡単ではないでしょうが、業務量や労働時間の軽減を検討する必要があります。これに加えて、金銭的な報酬も増加させる必要があるでしょう。**「なんとか管理職に昇進したのに、大変なだけで割に合わない」**。このような実感を持たれないためにも、管理職の待遇改善が求められます。

妻が管理職だと夫の幸福度は低い

ここまでは管理職へ昇進した本人の幸福度や健康度がどのように変化するのか、という点に注目してきました。次に見ていきたいのは、管理職への昇進が自分以外の家族、とくにパートナーに及ぼす影響です。

日本では管理職として働く女性の割合が徐々に増加しています。具体的な数値を見ると、民間企業の課長級の役職者における女性の割合は1990年では約2%でしたが、2019年には約11%にまで上昇しています。[*7]

このような女性管理職の増加は、社会の大きな流れとして今後も続くと予想されますが、管理職となることが女性またはその家族にどのような影響を及ぼすのかという点は、あまり明らかにされていません。とくに妻が管理職として働く場合、その配偶者である夫に及ぼす影響については、ほぼ語られてこなかったのではないでしょうか。

日本の場合、性別役割分業意識が強く、「男性＝仕事、女性＝家事・育児」という価値観が色濃く残っています。妻の管理職での就業は、この価値観から外れてしまうため、家庭内に不和をもたらす可能性もあり、その実態が気になるところです。

そこで、ここからは妻が管理職で働くことが夫の幸福度にどのような影響を及ぼすのかという点を見ていきたいと思います。

分析に使用したのは、先ほども用いた慶應義塾大学の『日本家計パネル調査』です。このデータの２０１１〜２０２０年までの既婚男女それぞれ約８０００人を分析対象とし、パートナーの管理職への昇進が自分の幸福度や健康に及ぼす影響を検証しました。[*6] なお、分析対象の年齢は、男女とも59歳以下です。

実際の分析結果を見ると、ネガティブな影響が大きくなっています。妻が管理職の場合、夫の幸福度はほかよりも低くなっていたのです。以下で図を使って具体的に説明したいと思います。なお、分析では0〜10の11段階で幸福度を測定しました。

図2は妻の就業状態別の夫の幸福度の平均値を示しています。ここでは妻の就業状態を、①管理職の正社員、②非管理職の正社員、③非正社員、④非就業の四つに分類しています。

この図から興味深い結果が読み取れます。夫の幸福度は、妻が④非就業のときに最も高く、①管理職の正社員のときに最も低くなっていたのです。

この結果は、**「妻が管理職だと夫の幸福度は低い」**ことを意味します。

ちなみにこの結果は、夫の年齢、学歴、子どもの有無や夫婦それぞれの年収、労働時間といった要因を統計的手法でコントロールしても、変わりませんでした。

続いて妻の幸福度についても見ていきたいと思います。図3は、夫の就業状態別の妻の幸福度の平均値を示しています。これを見ると、妻の幸福度は、夫が①管理職の正社員、②非管理職の正社員、③非正社員、④非就業の順になっていました。

夫が管理職だと妻の幸福度が高く、逆に夫が働いていないと幸福度が低くなるということの結果は、直感的にも納得できます。

とくに夫が非就業の場合、幸福度の落ち込みは大きく、「働いていない夫」を持つ妻の苦悩が読み取れます。ちなみに、夫が働いていない妻の幸福度が低くなるという現象は、欧米でも確認されています。[*8] この点は洋の東西を問わず妻を悩ます種になっているようです。

図2 妻の就業状態別の夫の幸福度

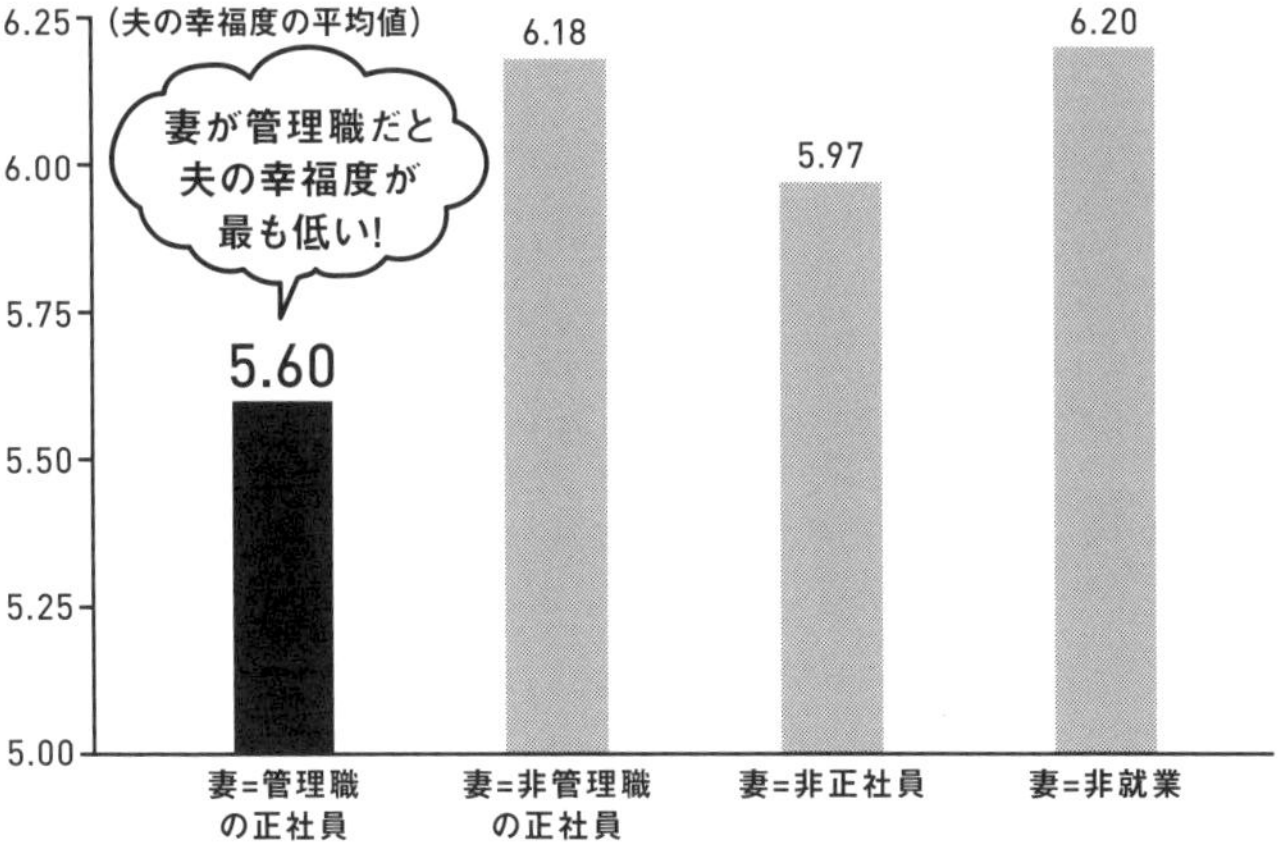

出典:佐藤一磨(2022)「管理職での就業は主観的厚生と健康にどのような影響を及ぼしたのか」PDRC Discussion Paper Series, DP2022-002。分析対象は59歳以下の有配偶男性。幸福度は0から10までの11段階で計測し、値が大きいほど幸福度が高いことを示す。

図3 夫の就業状態別の妻の幸福度

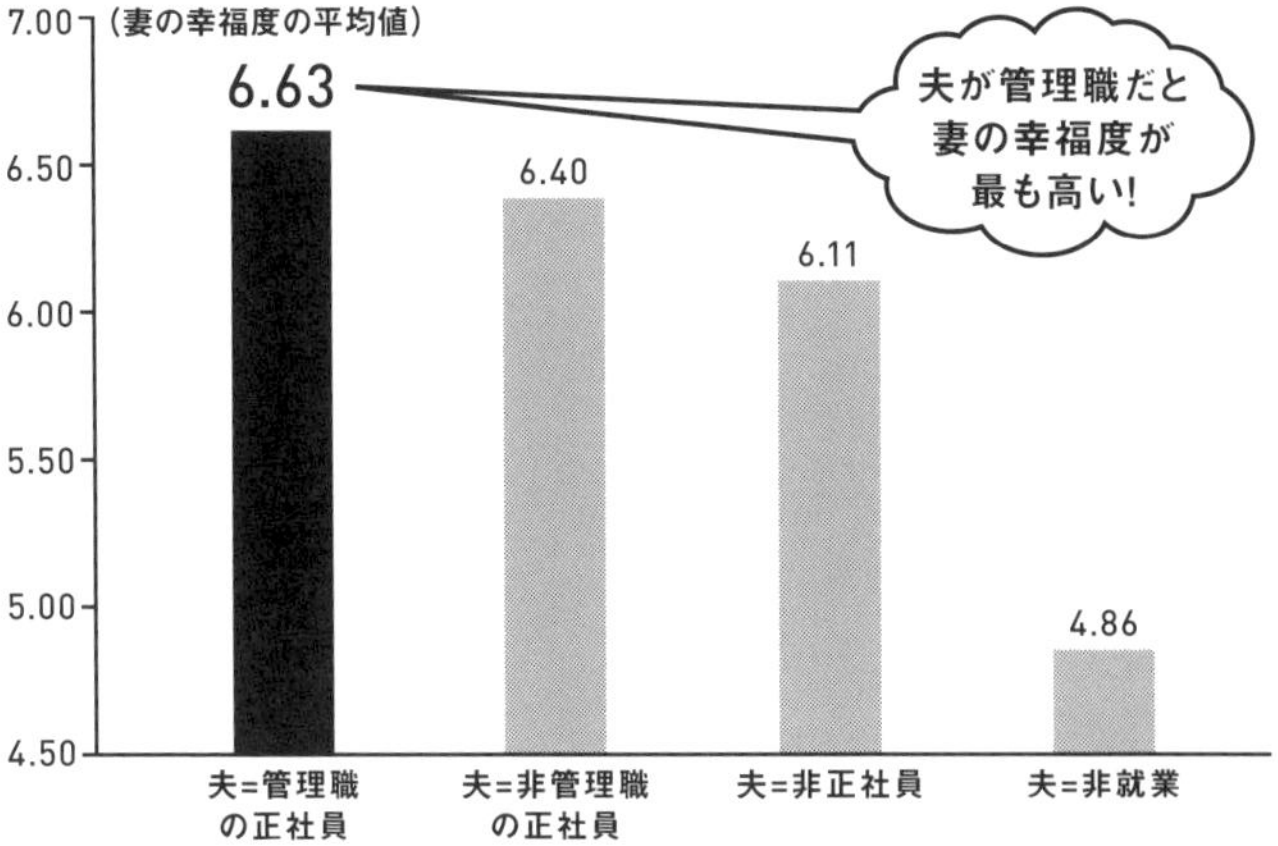

出典:佐藤一磨(2022)「管理職での就業は主観的厚生と健康にどのような影響を及ぼしたのか」PDRC Discussion Paper Series, DP2022-002。分析対象は59歳以下の有配偶女性。幸福度は0から10までの11段階で計測し、値が大きいほど幸福度が高いことを示す。

「妻が管理職」のデメリット

図2の分析結果が示すように、妻が管理職で働く夫ほど、幸福度が低くなっていました。これはなぜなのでしょうか。

この答えはシンプルです。妻が管理職で働く際のデメリットのほうがメリットを上回ったからです。

妻が管理職で働くことのメリットは、世帯年収の増加です。夫だけでなく妻も働き、かつ妻が管理職に就くことは、世帯年収を底上げします。このような世帯年収の増加は、生活に潤いをもたらすでしょう。もちろんその恩恵は夫にも行きわたり、住宅の購入や子どもの教育費を支払う上で重要な支えとなります。

また、もう一つのメリットとして考えられるのが、夫の所得低下や失業に対する保険です。長期的な低経済成長に直面してきた日本では、予期せぬかたちで夫のボーナスが削減されたり、失業するリスクがあります。これらによる世帯所得の低下の保険として、管理職で働く妻の稼ぎが機能すると考えられます。

次にデメリットですが、二つ考えられます。一つ目は、**管理職になることで妻の労働時間が増え、そのしわ寄せが家族、とくに夫に向かう**というものです。

通常、多くの家庭では妻に家事労働が偏っています。この状態のままで妻が管理職で働くようになると、労働時間が増え、どうしても家事・育児にさける時間が減ってしまうと予想されます。

これを補完するためにも、夫の家事労働の時間が増える可能性があるのです。妻の状況を理解し、進んで家事・育児に参加する夫であれば問題ないのですが、夫自身も仕事で忙しく、余裕がなかった場合、家に帰ってから家事・育児もやらなければならないとなると、ストレスが増えてしまう恐れがあります。また、妻が仕事で忙しくなることによって夫婦間ですれ違いが生じ、ストレスの多い家庭生活になってしまう可能性も考えられます。

二つ目のデメリットは、**性別役割分業意識からの乖離《かいり》**です。ほかの先進国と比較して、日本では依然として「男性=仕事、女性=家事・育児」という価値観が強く残っています。

この価値観の中には**「男は仕事第一で一家の大黒柱であるべき」**という考えも含まれています。近年のワーク・ライフ・バランスを重視する流れから「男は仕事第一」という考えはやや薄れてきていると思われますが、男女間賃金格差が依然として存在する現状では、**「男が一家の大黒柱であるべき」**という考えは、依然として影響力があるでしょう。

この考えを強く持つ夫の場合、妻が管理職で働き、その多くの時間を家庭外の仕事にさくことに肯定的な意見を持てないと考えられます。また、もし妻の稼ぎが自分の稼ぎを上回るようになった場合、自分の持つ価値観と実態とのギャップからストレスを感じるようになるでしょう。この点は無視できません。

以上、妻の管理職での就業には、メリットとデメリットの両方が存在し、その相対的な大きさによって幸福度に及ぼす影響が決まってきます。

図2の結果から、妻の管理職での就業では、デメリットのほうが強かったと考えられます。この原因として、夫の家事・育児負担や夫婦のすれ違いの増加、性別役割分業意識からの乖離といった要因が考えられますが、どの要因の影響力が強いのかは明確に判断できません。

ただし、図2の結果が示すように、**「妻が働いていない夫ほど幸福度が高い」**という点を考慮すれば、性別役割分業意識の影響は無視できないと言えるでしょう。

夫婦の働き方が配偶者に与える影響

これまでの分析結果が示すように、妻が管理職の場合、夫の幸福度は低くなっています。日本では女性活躍推進策が進められ、徐々に管理職として働く妻も増加していますが、その陰で夫の幸福度低下という現象が起きていた可能性があります。

このような夫婦の一方の働き方がその配偶者に及ぼす影響に関しては、主に欧米で分析されてきました。

欧米で注目されたのは、夫婦いずれかの失業の影響です。この背景には、失業の影響はもちろんそれを経験した本人において深刻ですが、家族にも及んでいる可能性があり、その影響を見落とすことは、失業の影響を過少に見積もっているのではないかという問題意識がありました。

同じ議論は、女性活躍推進策による女性管理職の増加にも当てはまる可能性があります。女性活躍推進策を進めることに注力するあまり、その負の側面が見落とされていたのではないでしょうか。

ただ、夫の幸福度が低下するからといって、女性活躍推進策の歩みを止めるのはナンセンスです。女性活躍推進策は今後の日本にとって必要な政策であり、課題に対処しながら進めていくことが重要でしょう。

このために必要となるのは、妻が管理職として働くようになったとしても家族にしわ寄せがいかないワーク・ライフ・バランス施策です。また、これに加えて、夫側の性別役割分業意識のアップデートが必須となるでしょう。

女性活躍推進法は男性を不幸にしたのか?

女性活躍推進策の課題をさらに深掘りしてみたいと思います。注目したいのは、女性活躍推進策の男性への影響です。

日本では2016年4月に「女性活躍推進法」が施行されました。この法律は、国、地方公共団体、労働者数301人以上(2022年からは101人以上)の事業主に女性が活躍できる行動計画を策定・公表するよう義務づけています。狙いは労働力不足や男女間格差の解消、そして、女性のさらなる社会進出の促進です。

この法律では、管理職に占める女性の割合の把握・公表が義務づけられています。さらに、同法では「女性に対する採用、昇進などの機会の積極的な提供およびその活用」の実施が求められているため、対象となる企業、国、自治体で女性管理職が増加したと考えられます。

　ここで気になることが二つあります。

　一つ目は、女性活躍推進法によって女性管理職の割合がどの程度増えたのか、という点です。

　じつは女性活躍推進法は10年間の時限立法であるため、その進捗状況の確認は重要です。女性管理職が増えるぶんにはいいかもしれませんが、女性管理職がまったく増えていなかった場合、制度の見直しが必要となります。はたして法の施行以降、女性管理職の割合は順調に増えているのでしょうか。

　二つ目は、女性活躍推進法の男性への影響です。管理職のポスト数は限られているため、女性の数が増えれば男性の数は減少します。つまり、女性活躍推進法の施行以降、非管理職の男性の昇進機会が制限された可能性があるのです。

　これは、昇給および昇進時期の遅れや、そもそも昇進機会の消失につながった恐れもあり、非管理職の男性にとってマイナスの影響があったと予想されます。また、日本の強い性別役割分業意識を考えれば、男性は家庭での稼ぎ頭であることが求められるため、昇進機会の低下は、男性に心理的負担をもたらしたとも考えられます。

以上の点を考慮すると、女性活躍推進法の施行は、非管理職男性の満足度、とくに仕事満足度を悪化させたのではないでしょうか。この点は気になるところです。

以下でこれら二つの疑問に答えていきたいと思います。

女性管理職が増えたのは大企業ばかり

まず、女性管理職の割合は増えたのかという疑問から検証していきましょう。

図4は厚生労働省の『賃金構造基本統計調査』を用いて、民間企業における女性管理職の割合を見ています。女性活躍推進法は2016年の施行当初、301人以上の企業を対象としていたため、ここでは企業規模で女性管理職の割合を分けてみました。なお、データの都合上、就業者が500人より多いか、少ないかで分類しています。

この図から、女性活躍推進法の適用対象となっている企業で女性管理職の割合が緩やかに増加したことがわかります。500人以上の企業では、女性管理職の割合が2015年

図4 女性管理職比率の推移

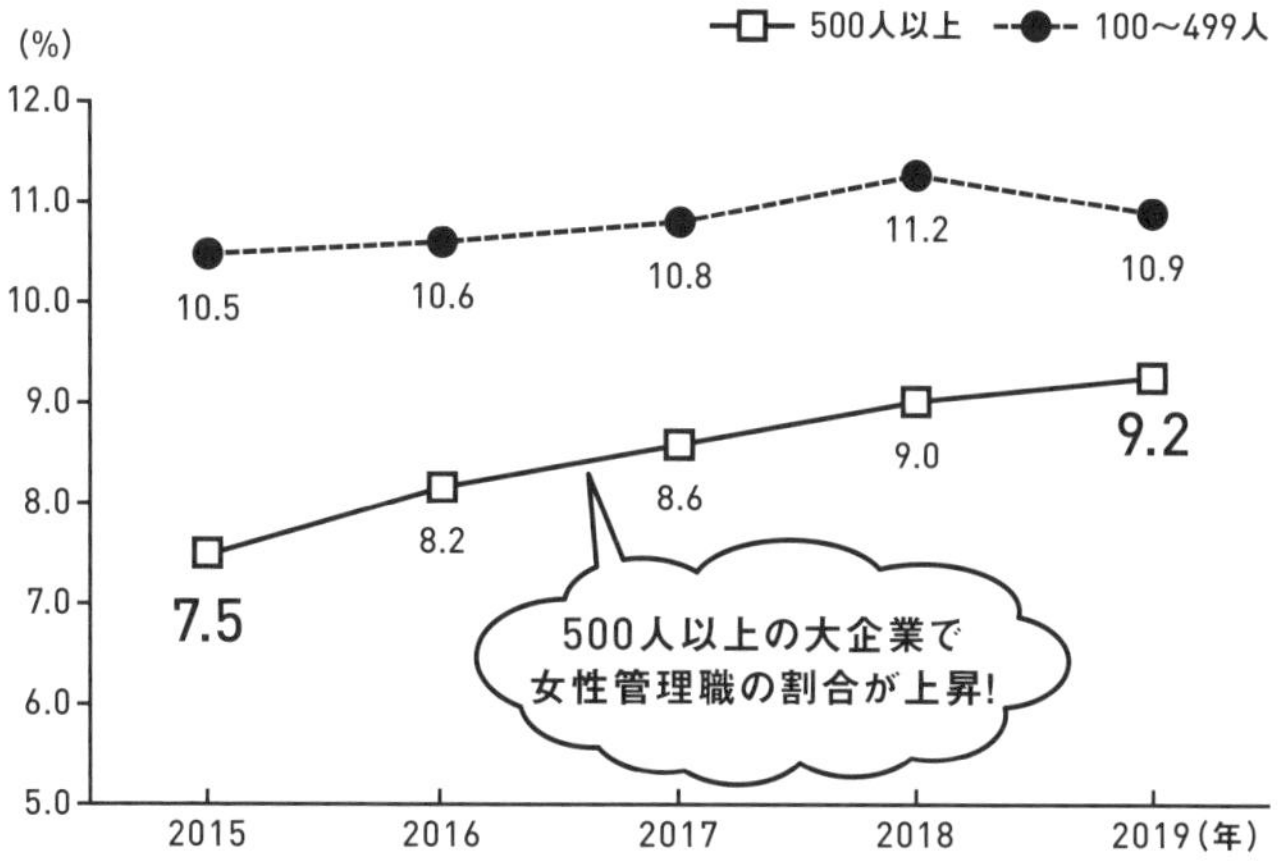

出典:厚生労働省『賃金構造基本統計調査』。『賃金構造基本統計調査』では企業規模の分類が「100 - 499人」、「500 - 999人」、「1000人以上」となっていたため、ここでは「100 - 499人」と「500人以上」の2つのグループを作成している。

で7・5%だったのですが、2019年には9・2%へと微増しました。増加幅は1・7%です。

これに対して、女性活躍推進法の適用対象外の企業の多い500人未満の企業では、女性管理職の割合はほぼ変化していませんでした。

この結果から、**女性活躍推進法によって「ちょっとだけ」女性管理職の割合が増えた**と言えるでしょう。

図4から、女性活躍推進法の適用対象企業で女性管理職の割合がやや増えたと言えそうですが、適用対象企業の中には従業員が1000人以上を超える大企業もあれば、中規模の企業も混じっています。これらの企業で法への対応が異なっていてもおかしくありません。とくに大企業は社会の目もあるため、比較的真剣に女性管理職問題に取り組んだ可能性があります。

そこで、図5では500人以上の企業を500〜999人と1000人以上に分けてみました。これを見ると、女性活躍推進法の施行以降に女性管理職の割合が増えたのは、1000人以上の大企業だとわかります。

1000人以上の企業では、女性管理職の割合が2015年で7・1%だったのですが、

図5 企業規模別の女性管理職比率の推移

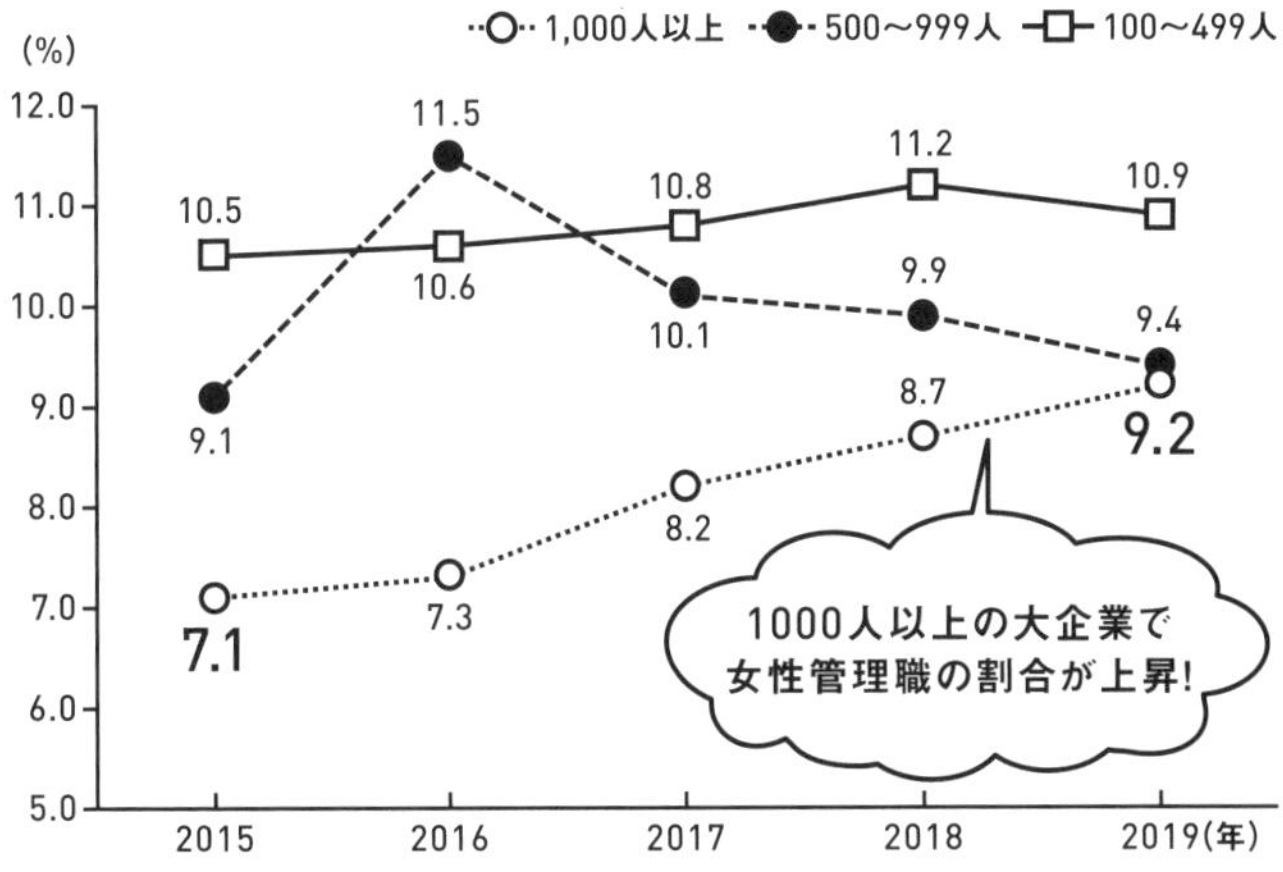

出典：厚生労働省『賃金構造基本統計調査』

２０１９年には９・２％になり、この間に２・１％の増加となっていました。これに対して、５００～９９９人の企業では、この間わずか０・３％しか女性管理職割合が増えていませんでした。

これらの結果から、女性活躍推進法によって**女性管理職の割合が増えたのは大企業のみで、ほかはほぼ影響がなかった**と言えるでしょう。

男性の仕事満足度は女性活躍推進法で低下

次に見ていきたいのが女性活躍推進法の男性への影響です。結論から言えば、**女性活躍推進法の施行によって、男性の仕事満足度は低下していました。**[*9]
図6は、女性活躍推進法の施行前後の非管理職正社員の男性の仕事満足度の推移を示しています。これを見ると、女性活躍推進法の適用対象であった３０１人以上の企業および官公庁で働く男性の仕事満足度は、２０１６年以降ガクッと下がっていました。これに対して、３００人未満の企業で働く男性の仕事満足度は大きな変化を経験しておらず、法の影響がなかったと考えられます。

図6 非管理職正社員男性の仕事満足度の推移

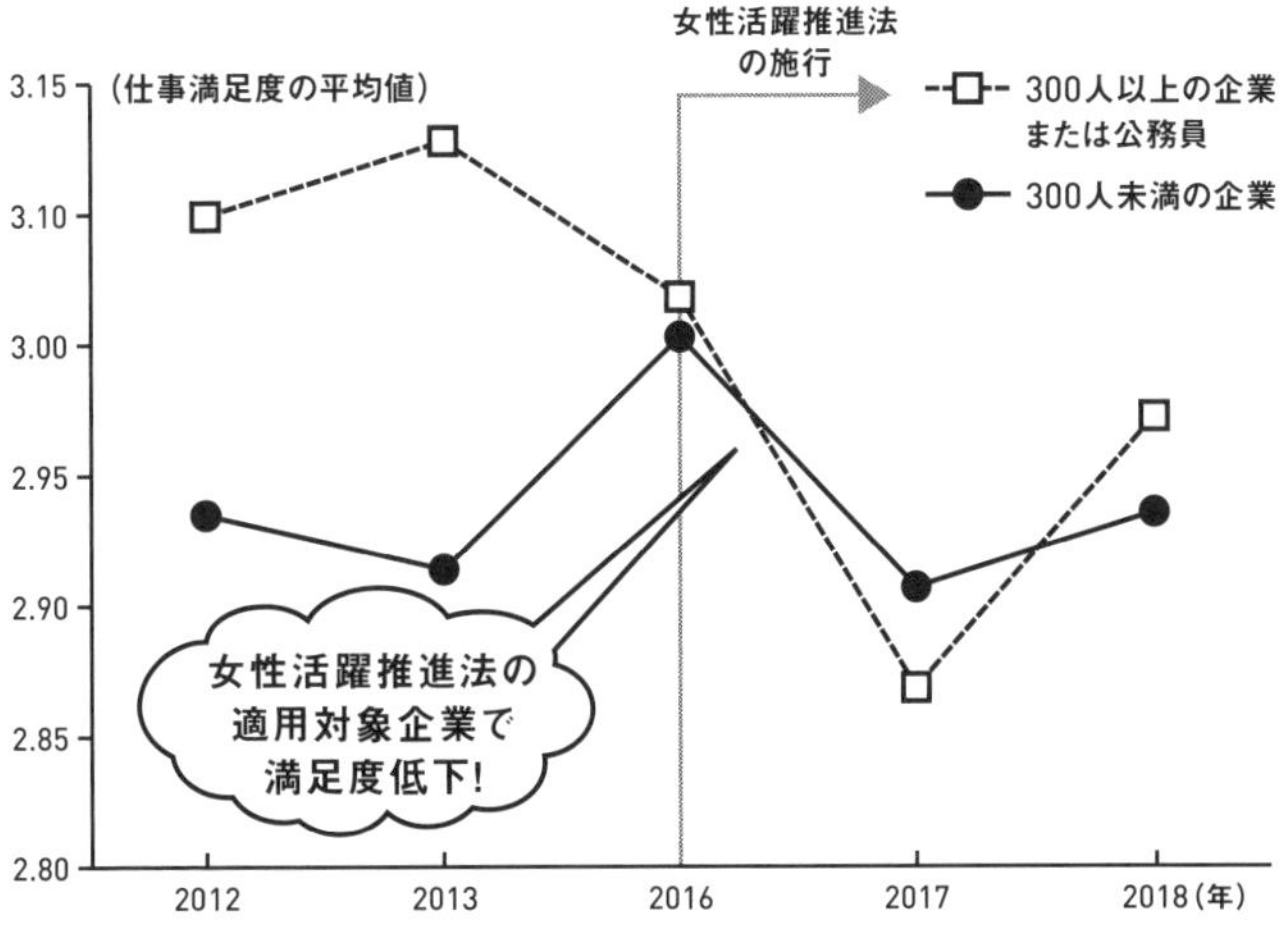

出典：佐藤一磨，影山純二（2023）「女性活躍推進法は非管理職男性の主観的厚生にどのような影響を及ぼしたのか」日本人口学会第75回大会（南山大学、2023年6月10日発表)。表中の値は1から5で計測された男性の非管理職正社員の仕事満足度の平均値の推移を示している。

ちなみに、統計的な手法を用いて年齢、学歴、世帯年収といったさまざまな要因の影響を除去しても、女性活躍推進法の適用対象であった男性の仕事満足度が低下するという傾向に変化は見られませんでした。また、企業規模をさらに分けると、男性の仕事満足度の低下は1000人以上の大企業で働く場合で顕著に見られることもわかりました。やはり女性管理職が比較的増えた企業で働く男性ほど、昇進機会が制限され、仕事満足度が下がってしまったと考えられます。

さて、この結果を男性の視点から見た場合、「けしからん！」となるかもしれません。これまで得ていたものを失い、不満が溜まっているからです。ただ、だからと言って昔の日本の姿に戻るのは難しいでしょう。

もし企業や官公庁の管理職が男性で占められていた場合、女性の賃金が伸びず、男女間の賃金格差が温存されることになります。男女間の賃金格差が温存された場合、出産・子育ての際に相対的に賃金の低い女性にその負担が偏る合理的な理由となってしまいます。出産後に増える家事・育児負担を誰が担うのかと夫婦で話し合う場合、賃金が低くて世帯所得があまり減らないほうがやったほうがいいとなれば、どうしても女性に負担が偏るでしょう。

このように夫婦で合理的に考えた結果、女性に負担が偏る状況が今後も続かないようにするためにも、女性活躍推進策を推し進めることが重要です。

まとめ

本章では「仕事と幸せ」に関するさまざまな研究を紹介しました。内容の要点をまとめると以下のとおりです。

①日本では管理職に昇進しても、幸福度は上昇していなかった。これは、仕事から得られる報酬と負担が相殺し合っているためだと考えられる。

②妻が管理職だと夫の幸福度は低く、妻が専業主婦だと夫の幸福度は高くなっていた。日本の男性にとって、「バリバリ働く妻」よりも「家で帰りを待つ妻」のほうが幸福度を高めていると考えられる。

③夫が管理職だと妻の幸福度が高く、逆に夫が働いていないと妻の幸福度が低くなっていた。

④女性活躍推進法の施行によって、男性の仕事満足度は低下していた。背景には同法の施行によって男性の昇進機会が制限されたという点が影響していると考えられる。

第 3 章

結婚したら幸せになれるのか

結婚と幸せの経済学

魔法にかけられて

私の大好きな映画の一つに『魔法にかけられて』（2007年）というディズニーの作品があります。あらすじはこうです。

アンダレーシアというおとぎ話の国に住むジゼルがエドワード王子と結婚する日に、王子の継母である魔女のナリッサに現代のニューヨークへ追放されてしまいます。ニューヨークでジゼルは弁護士のロバートに助けられ、しだいに互いに惹かれ合っていきます。最後にジゼルは悪い魔女のナリッサを倒し、ロバートとその娘のモーガンとともに、ニューヨークに残って幸せに暮らしていくのでした……。

この映画の中でジゼルが**「結婚したあと、二人は永遠に幸せに暮らしていくの」**と言うシーンがあります。このフレーズはプリンセスの物語の最後によく出てくるのですが、聞いているとなぜか安心してしまいます。おそらく、ジゼルまでとは言いませんが、私たちもどこかで「結婚＝幸せ」と考えているためでしょう。

しかし、実際はどうなのでしょうか。

結婚によって確かに幸せになるかもしれませんが、その幸せはどの程度続くものなのでしょうか。20代の結婚したての夫婦ならまだしも、50代の夫婦でも同じように結婚によって幸福度は高まっているのでしょうか。また、結婚相手がどのような人なのかによって、結婚による幸せの度合いが違っていてもおかしくありません。たとえば、結婚相手が高学歴・高所得で自分が働かなくてもいい場合、幸せをより実感できる可能性があります。さらに、夫婦仲によって、結婚が幸せなものから不幸なものへと変わりうるのではないでしょうか。

このように結婚と幸せの関係には、疑問が尽きません。

そこで、本章ではデータを用いて、結婚と幸福度の関係について改めて考えていきたいと思います。

まず、結婚と幸福度の関係について見ていきましょう。

図1は、既婚男性、既婚女性、独身男性、独身女性の幸福度の平均値を示しています。[*1]なお、分析対象は20~89歳の男女で、幸福度を1~5の5段階で計測しました。

この図から明らかなとおり、最も幸福度が高いのは既婚女性であり、次いで幸福度が高いのは既婚男性でした。結婚している人たちのほうが幸福度が高いと言えるでしょう。こ

図1 配偶状態別の幸福度の平均値

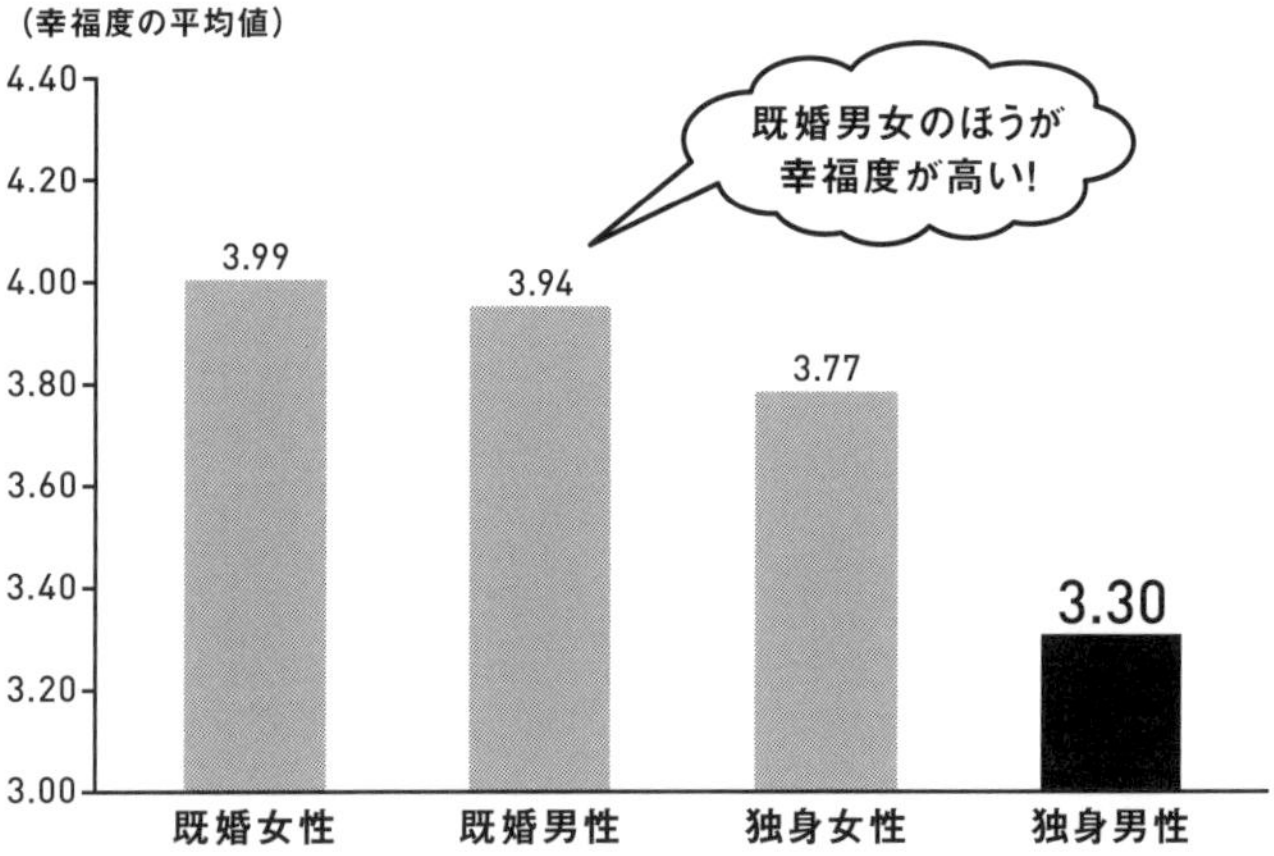

出典:佐藤一磨(2023)「子どもの有無による幸福度の差は2000〜2018年に拡大したのか」PDRC Discussion Paper Series, DP2022-006。

れに対して、最も幸福度が低いのは独身男性であり、その低さが目立つかたちになっています。

次の図2は2000〜2018年までの各年別の幸福度の平均値を見ています。この図を見ると、おおむね幸福度の高さの順位は変わっていないことがわかります。最も幸福度が高いのは既婚女性であり、最も幸福度が低いのは独身男性でした。

図3は年齢別の幸福度の平均値を見ています。じつは年齢別に幸福度を見た場合、U字型になる傾向があります。具体的に言えば、若年層と高齢層で幸福度が高くなるわけです。この詳細については第8章で説明しますが、図3のいずれの場合も緩やかなU字型になっています。幸福度の高さの順位については、これまでの図表とほぼ同じです。最も幸福度が高いのは既婚女性であり、最も幸福度が低いのは独身男性でした。

以上の結果をまとめると、**結婚している男女ほど幸福度が高くなっており、「結婚＝幸せ」という関係が成立している**と言えるでしょう。やはり結婚と幸せには密接な関係がありそうです。

図2 各年別、配偶状態別の幸福度の平均値

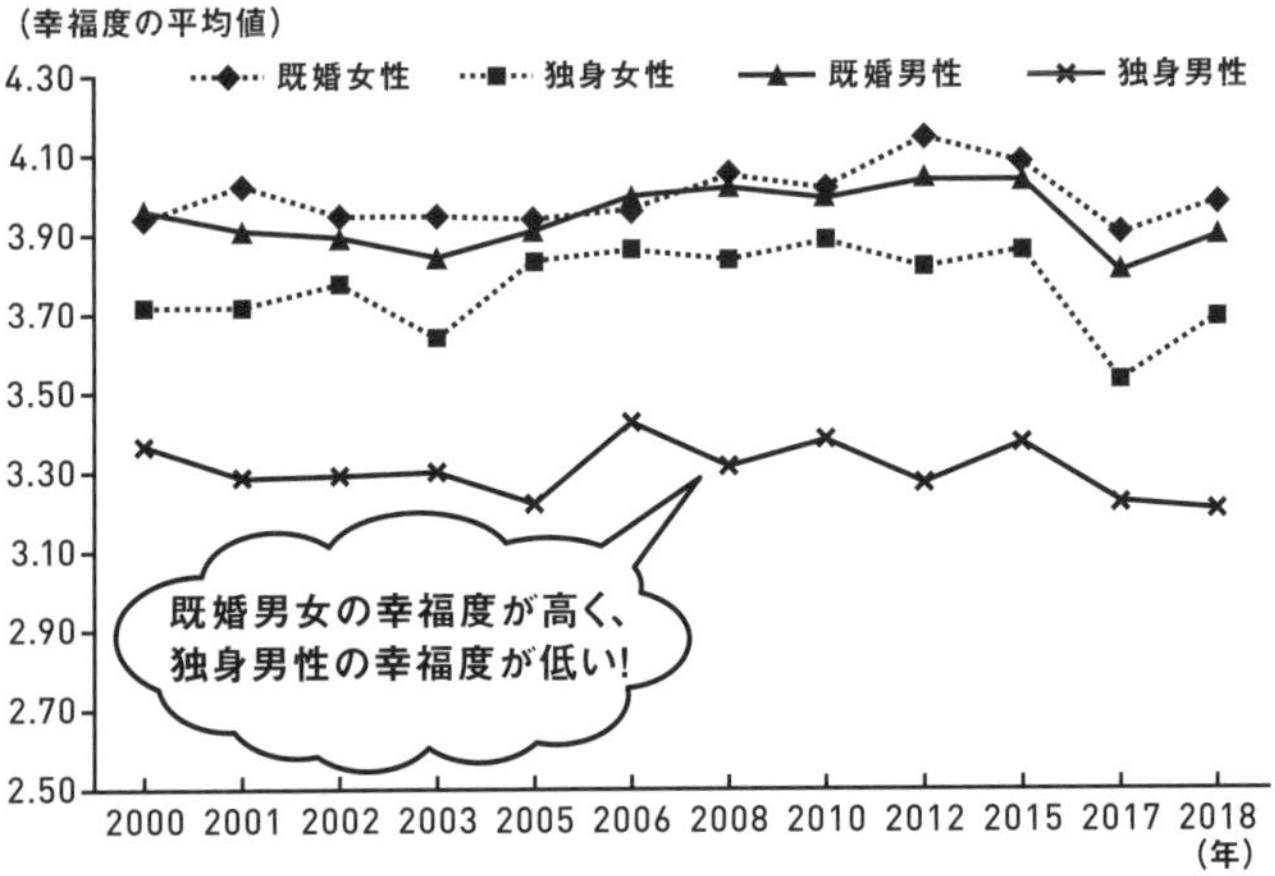

出典：佐藤一磨（2023）「子どもの有無による幸福度の差は2000〜2018年に拡大したのか」PDRC Discussion Paper Series, DP2022-006。

図3 年齢別、配偶状態別の幸福度の平均値

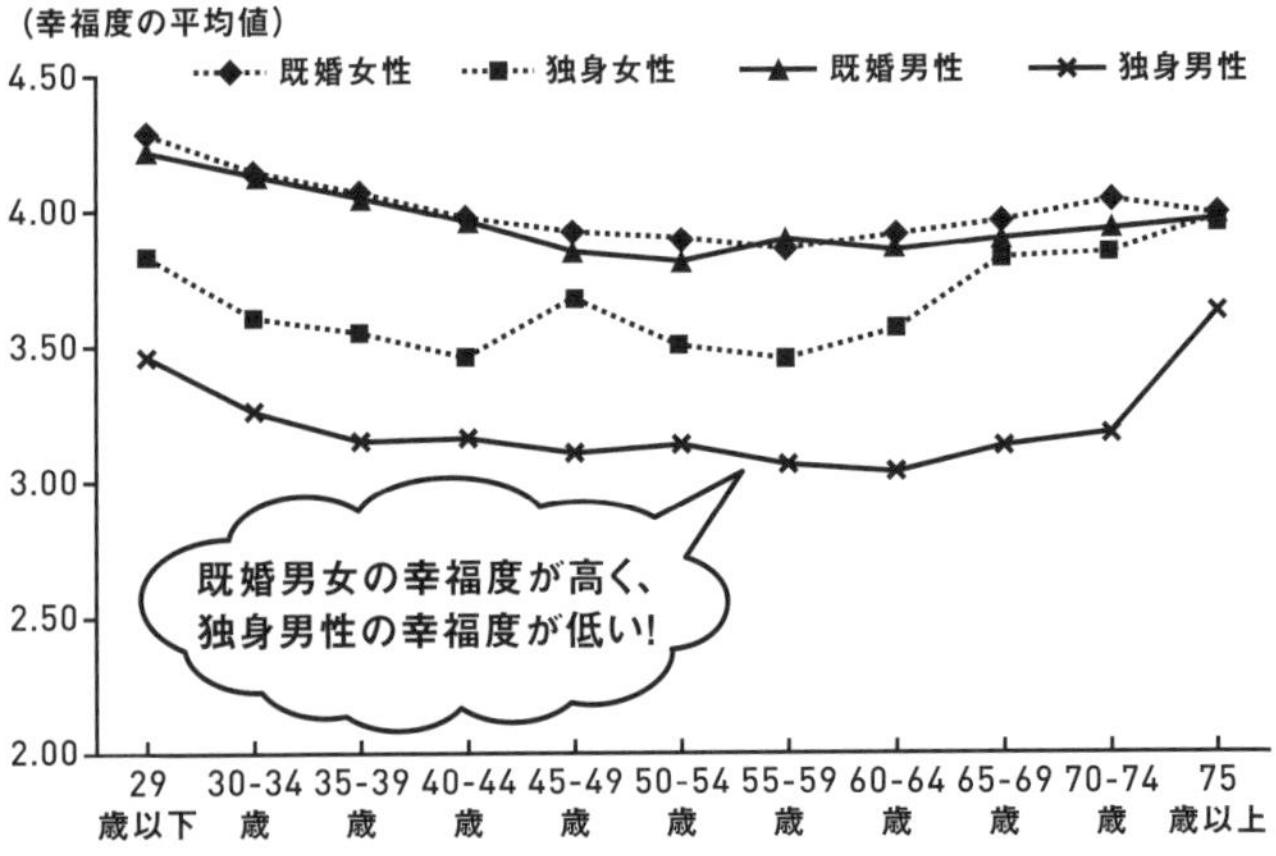

出典：佐藤一磨（2023）「子どもの有無による幸福度の差は2000〜2018年に拡大したのか」PDRC Discussion Paper Series, DP2022-006。

独身男性の幸福度が最も低いワケ

ただ、これらの図を見ていくとどうしても気になるのが独身男性の幸福度の低さです。さまざまな視点から見ても、独身男性の幸福度が最も低くなっています。

これにはさまざまな原因が考えられますが、独身男性の不安定な雇用形態が大きな原因の一つとして考えられます。中京大学の松田茂樹教授の分析によれば、既婚男性の場合、88・1%が正規雇用者ですが、独身男性の場合、62・7%が正規雇用者です。[*2] また、独身男性では非正規雇用者が17・9%、自営等が9・1%、無職が10・3%となっており、不安定な雇用形態の割合が多くなっています。

失業や低い所得水準は、女性よりも男性の幸福度へのマイナスの影響が大きいため、不安定な雇用形態の比率が相対的に高い独身男性の幸福度が低くなると考えられます。とくに日本のような男性がお金を稼ぐことを求められる社会の場合、マイナスの影響はより強くなるでしょう。

ちなみに、非正規雇用という働き方では、結婚以前の恋愛の段階からハンディキャップがあると指摘する研究もあります。神戸大学の佐々木昇一研究員の分析によれば、非正規雇用で働く場合、相対的に所得水準が低く、これが現在恋人のいる確率を低下させることがわかっています。[*3] また、非正規雇用で働く場合、結婚意欲も低下する傾向にありました。日本では依然として、男性に「稼ぐ力」が求められます。非正規雇用で働く男性の場合、この力が相対的に弱く、交際や結婚へのハードルになっているのではないでしょうか。

なお、2010～2020年までの男性の非正規雇用の動向を見ると、25～34歳の非正規雇用の労働者数は、労働力不足を反映して、緩やかに低下しています。しかし、35～44歳の非正規雇用の労働者数の低下幅は小さく、45～54歳の非正規雇用の労働者数は緩やかに増加していました。

この背景には就職氷河期の影響があるでしょう。学校卒業時が就職氷河期にあたり、非正規で働かざるをえなかった世代が中年層となり、非正規雇用の労働者としてそのまま働いている可能性があります。これが男性の独身割合の上昇および出生数の低下につながっていると予想されます。

どんな結婚相手だと幸福度が高いのか？

さて、話を結婚と幸せの関係に戻したいと思います。これまでの結果から、「結婚＝幸せ」という関係がありそうですが、みんなが同程度に幸せかと言えば、そうではないでしょう。結婚相手がどのような人なのかによって、幸せの度合いに変化があってもおかしくありません。

そこで、結婚相手によって幸福度がどう異なるのかを、三つの視点から見ていきたいと思います。

一つ目は、夫婦それぞれの学歴によって幸福度がどう変化するのかという視点です。日本では、「夫の学歴のほうが妻よりも高いか、同じ場合が多い」というイメージを持たれる人が多いかと思いますが、じつは近年、この傾向に興味深い変化が見られています。この夫婦の学歴の組み合わせと幸福度の関係について見ていきます。

二つ目は、夫婦の年齢差によって幸福度がどう変化するのかという視点です。世の中には年の差夫婦が存在しており、芸能界などでもたまに見られます。このような夫婦の幸福度は、年の近い夫婦と比較して、高いのでしょうか、それとも低いのでしょうか。身近な事例として、気になるところです。

三つ目は、女性から見て、夫が長男だと幸福度がどう変化するのかという視点です。巷《ちまた》では「長男と結婚すると、義理の実家との関係が大変だからやめたほうがいい」と言われることがありますが、これを幸福度の観点から検証したいと思います。はたしてデータからも、「長男の嫁は大変」という点が確認できるのでしょうか。

以上の3点について詳しく見ていきたいと思います。

「妻のほうが学歴の高い夫婦」が増えている

最初に見ていきたいのは、夫婦それぞれの学歴と幸福度の関係です。

夫婦それぞれの学歴は、年収の大きさに関連するため、おのずと幸福度にも影響してきます。このため、「どのような学歴の組み合わせの夫婦が多いのか」という点と「どのような学歴の組み合わせの夫婦が幸せなのか」という点は、大変気になるところです。

そこで、ここからは夫婦の学歴の組み合わせと、それが幸福度に及ぼす影響について見ていきたいと思います。

じつは近年、世界的に夫婦の学歴の組み合わせに変化が生じており、新たなトレンドが生まれています。まずはそこから見ていきましょう。

次ページの図4はOECD（経済協力開発機構）諸国における30歳以下の男女の大学卒業率を示しています。

この図は、**「OECD諸国のほとんどの国において、女性の大学卒業率が男性よりも高い」**ということを示しています。

従来、大学へ進学し、卒業する割合は男性のほうが高かったのですが、1990年代以降、女性の大学進学率が伸び、現在では多くの国で女性の大学卒業率のほうが高くなっています。このような男女間の大学卒業率の逆転は歴史上はじめてであり、多くの国で注目を集めています。

男女間の大学卒業率の逆転は、家族のあり方にも影響を及ぼします。中でも興味を集めるトピックの一つが「夫婦の学歴の組み合わせ」の変化です。じつは現在、**女性の高学歴者比率の増加を受け、「妻のほうが夫よりも学歴の高い夫婦」がOECD諸国で増加**しています。その代わりに「夫のほうが妻よりも学歴の高い夫婦」が減少傾向にあるのです。[*4]

このような変化はこれまで見られなかった傾向であり、夫婦のあり方の歴史的な転換点

図4 OECD諸国の男女別の大学卒業率

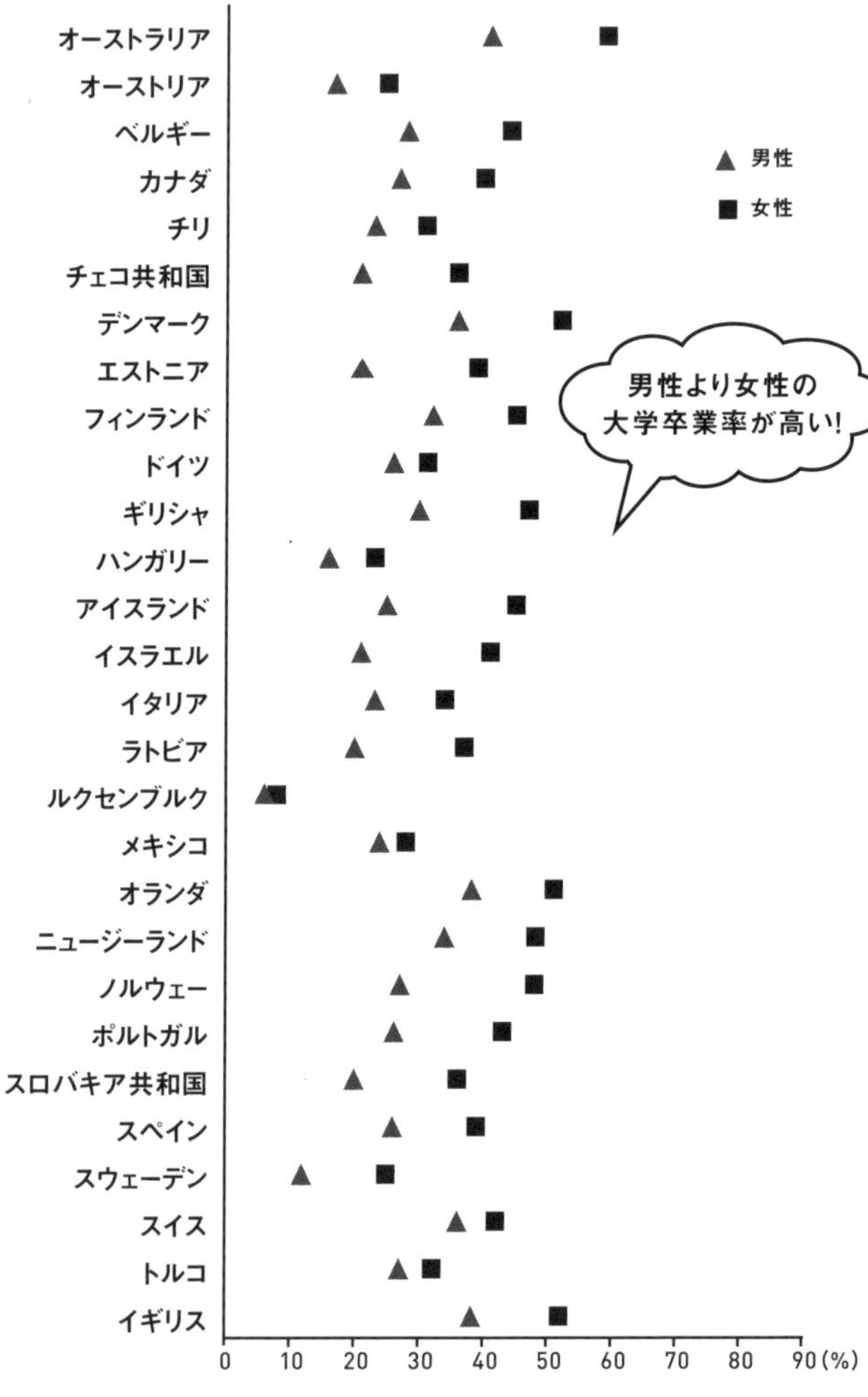

出典：本図表は佐藤一磨（2020）「第2章　夫よりも学歴が高い妻は幸せなのか」安藤史江編著『変わろうとする組織　変わりゆく働く女性たち』晃洋書房の図2－1(p17）を一部修正して転載している。データはOECD Statから取得している。なお、図表の値は2018年における各国の30歳以下の大学卒業率を示している。ここでの大学とはISCED2011におけるlevel6程度の教育水準を意味する。

にさしかかっていると言えるでしょう。

日本の夫婦に多い学歴の組み合わせとは

ＯＥＣＤ諸国では女性の高学歴化を背景に、「妻のほうが夫よりも学歴の高い夫婦」が増加しているわけですが、日本の現状はどうなっているのでしょうか。

結論から言えば、じつは**日本でも「妻のほうが夫よりも学歴の高い夫婦」がじわりと増えています**。

国立社会保障・人口問題研究所の福田節也氏らの分析によれば、日本における「妻のほうが夫よりも学歴の高い夫婦」の割合は１９８０年で全体の12％程度でしたが、１９９０年には16・1％、２０００年には16・2％、そして２０１０年には21％にまで至っています。[*5] この日本の動きは、世界のトレンドと一致したものだと言えるでしょう。

「妻のほうが夫よりも学歴の高い夫婦」の増加は、日本の新しい動きであり、その実態は興味深いものです。ここで気になるのは、「妻のほうが夫よりも学歴の高い夫婦」はどのような夫婦なのかという点です。

なんとなく高学歴の妻がバリバリと働き、それを夫がサポートするといったイメージがありますが、実際はどうなのでしょうか。

先ほどの福田節也氏らの研究では、夫婦の学歴組み合わせの詳細な内容も示しています。その結果を見ると、2000年と2010年において「妻が専門・短大卒&夫が高卒」が50%以上の割合を占めていました。これに対して、「大卒の妻と高卒、専門・短大卒の夫」の組み合わせは徐々に増えているものの、その比率はまだ少ないと言えます。

この結果から、「妻のほうが夫よりも学歴の高い夫婦」といった場合、「妻が専門・短大卒&夫が高卒」といった組み合わせを想定するのが実態に近いようです。要は**「夫よりちょっとだけ学歴の高い妻」と「妻よりちょっとだけ学歴の低い夫」がマッチングしている**というわけです。この点はやや意外だと言えるでしょう。

「妻が高学歴」だと世帯年収が低い

次に見ていきたいのは、夫婦の学歴の組み合わせと幸福度の関係です。ここでは幸福度に加えて、生活全般に対する満足度（生活満足度）、夫婦関係に対する満足度も見ていきます。いずれも1～5の5段階で計測されており、データの都合上、妻の値のみを分析しています。

図5はその分析結果です。[*6] この図では値が大きいほど各満足度が高いことを意味しますが、いずれの指標でも「妻のほうが夫よりも学歴の高い夫婦」の値が一番低くなっていました。この結果は、学歴組み合わせの中でも、「妻のほうが夫よりも学歴の高い夫婦」の妻の幸福度、生活満足度、夫婦関係満足度が最も低いことを意味しています。

なぜこのようなことが起きるのでしょうか。ズバリ、この背景にあるのは、「お金」です。図6は夫婦の学歴組み合わせ別の平均年収を示しています。[*6]

まず、妻の年収を見ると、「妻のほうが夫よりも学歴の高い夫婦」の妻の年収が最も高くなっています。しかし、ほかの場合と比較して、その差はあまり大きいと言えません。

これに対して、夫の年収を見ると、「妻のほうが夫よりも学歴の高い夫婦」の値が最も低くなっています。夫の年収がこのように低くなる背景には、夫の学歴構成比の違いがあります。

「妻のほうが夫よりも学歴の高い夫婦」では、夫の学歴が低くなりがちです。たとえば、妻が大卒であれば、夫は専門・短大卒か、高卒または中卒となるでしょう。また、妻が専

図5 学歴別の妻の幸福度、生活満足度、夫婦関係満足度

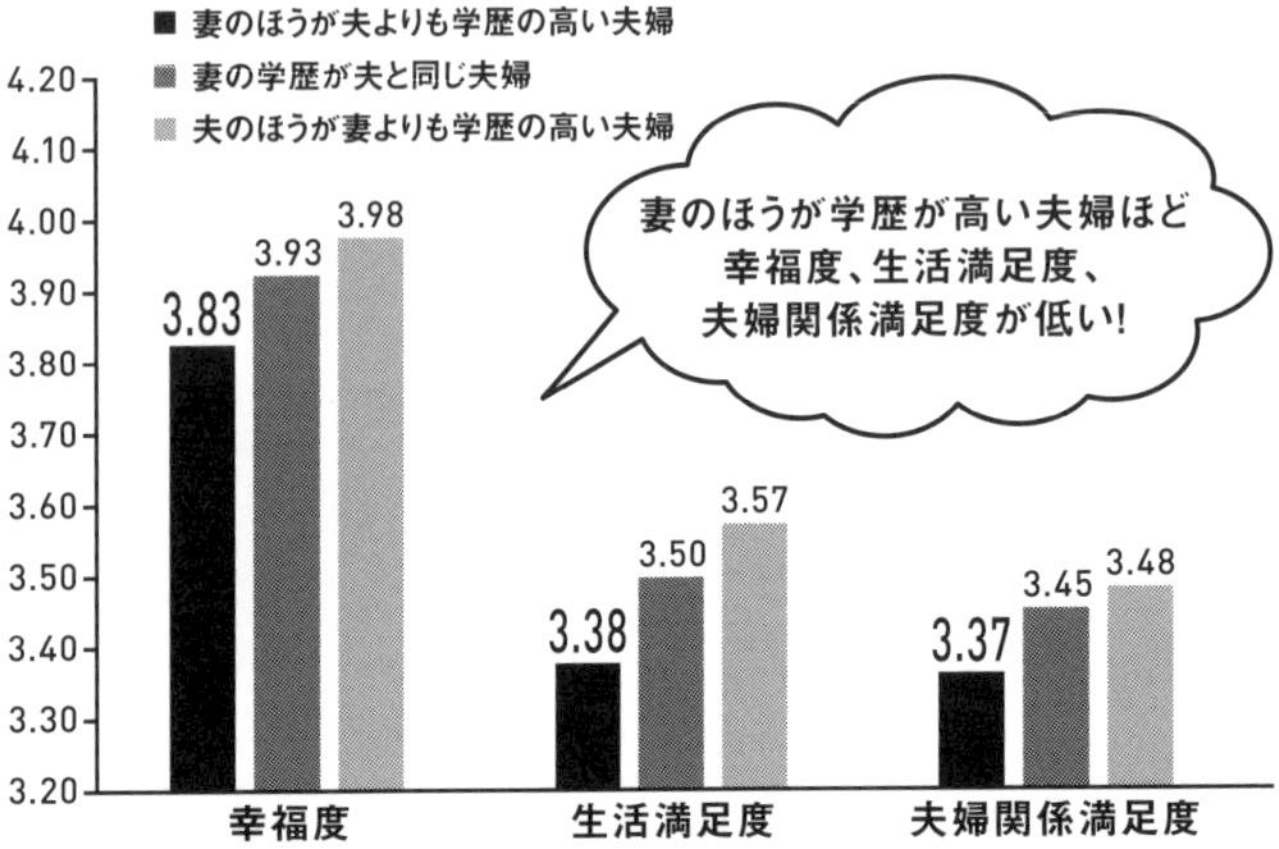

出典：本図表は佐藤一磨（2020）「第2章　夫よりも学歴が高い妻は幸せなのか」安藤史江編著『変わろうとする組織　変わりゆく働く女性たち』晃洋書房の図2－4(p27）を一部修正して転載している。分析対象は既婚女性とその配偶者であり、図表の値は各指標の平均値を示している。

図6 学歴別の妻の年収、夫の年収、世帯年収の平均値

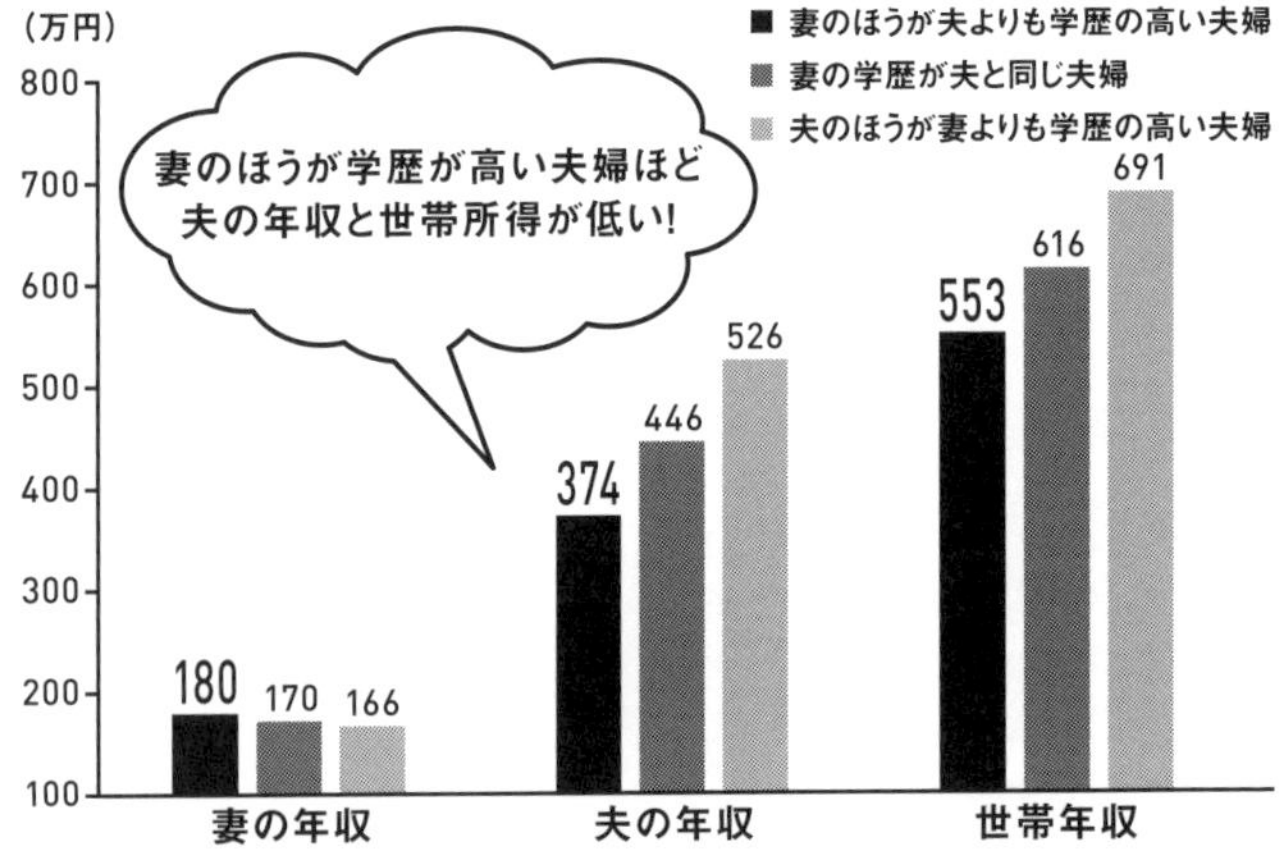

出典：本図表は佐藤一磨（2020）「第2章　夫よりも学歴が高い妻は幸せなのか」安藤史江編著『変わろうとする組織　変わりゆく働く女性たち』晃洋書房の図2－3(p24）を一部修正して転載している。分析対象は既婚女性とその配偶者であり、図表の年収とは1年間の勤労所得を意味する。無業者の年収は0となっている。

門・短大卒であれば、夫は高卒または中卒となるはずです。このように、夫の学歴は相対的に低くなり、どうしても大卒割合が低下します。**学歴と平均年収は連動するため、「妻のほうが夫よりも学歴の高い夫婦」では夫の年収が低めになるというわけです。**

次に、世帯年収を見ると、「妻のほうが夫よりも学歴の高い夫婦」の値が最も低くなっています。これは一家の大黒柱である夫の年収の違いをダイレクトに反映しています。

ちなみに、夫婦の学歴の組み合わせと妻の1日の家事・育児時間の関係を見ると、「妻のほうが夫よりも学歴の高い夫婦」の世帯とほかの場合でほとんど差はありませんでした。いずれの夫婦の組み合わせでも、妻は1日の家事・育児の7割以上を担っており、その負担は重いと言えるでしょう。

以上の内容を整理すると、「妻のほうが夫よりも学歴の高い夫婦」は世帯所得が相対的に低くなっています。そして、妻の家事・育児負担もほかの場合と変わらず重いものです。**この低い世帯所得とほかと変わらない家事・育児負担が「妻のほうが夫よりも学歴の高い夫婦」の幸福度を押し下げている**と考えられます。

自分より若い相手と結婚したほうが幸せ

次に見ていきたいのは、夫婦の年齢差と幸福度の関係です。

世の中にはさまざまな夫婦がいますが、日常生活でたまに見かけるのが年の離れた夫婦です。このような夫婦を目にすると、自然な疑問として「年齢の近い夫婦と、年の差夫婦では、どちらが幸せな結婚生活を送れるのか」という点が気になってきます。

そこで、ここからは夫婦の年齢差と幸福度の関係について見ていきたいと思います。ここで紹介する研究ではオーストラリアのデータを使用しているのですが、日本人にも参考になる興味深い結果となっています。

夫婦の年齢差と結婚生活の満足度の関係を検証したのは、モナシュ大学のワンシェン・リー准教授とコロラド大学ボルダー校のテラ・マッキニッシュ教授の研究です。*7

彼らの研究では、合計で約1万8000組のオーストラリア人の夫婦を対象に、夫婦間の年齢差によって結婚相手に対する満足度がどのように変化するのかを検証しました。なお、分析対象となる夫婦は20~55歳です。

彼らがまず分析したのは、「同じ年齢の夫婦と年の差夫婦では、どちらの夫婦関係満足度が高いのか」という点です。

男女別に分析した結果、男性は若い女性と結婚したほうが夫婦関係満足度が高くなり、逆に自分よりも年上の女性と結婚すると、夫婦関係満足度が低くなることが明らかになりました。

男性の場合、やはり結婚相手に「若さ」を求めている側面があり、自分よりも若い女性と結婚できると結婚生活の満足度が高くなっていました。おそらくこの傾向は、日本でも同じでしょう。

次に女性の分析結果を見ると、非常に興味深い結果が得られています。**女性も若い男性と結婚したほうが夫婦関係満足度が高まり、逆に自分よりも年上の男性と結婚すると、夫婦関係満足度が低くなっていた**のです。

この結果は驚きです。というのも、これまで多くの国で女性が若干年上の男性と結婚する傾向が見られており、この背景には年上の男性は相対的に経済力が高く、結婚するメリットが大きいと考えられていたためです。

しかし、この組み合わせの場合、女性の結婚生活に対する満足度が相対的に低くなっていました。

これにはさまざまな理由が考えられますが、その一つに、女性の社会進出によって年上男性との結婚のメリットが低下した可能性が考えられます。女性の社会進出が進み、男女間の賃金格差が縮小した場合、経済力を求めて年上男性と結婚する理由はなくなります。それよりも若さを含んだ自分の好みの相手と結婚したほうが夫婦生活に満足できると考えられるわけです。

年下婚のメリットは10年で消える

男女とも自分よりも年下と結婚したほうが夫婦関係満足度が高くなるわけですが、これは結婚期間が長くなっても維持できるのでしょうか。

分析結果を見ると、その答えは「NO」です。

男女とも年下との結婚によって得られる満足度のメリットが徐々に消失することがわかっています。結婚から10年も過ぎると、初期の高い夫婦関係満足度のメリットはほぼなくなってしまいました。

この背景に関して、ワンシェン・リー准教授とテラ・マッキニッシュ教授は踏み込んだ分析を行なっていませんが、おそらく結婚期間が延びるにつれて相手に求めていた「若さ」が徐々に失われていき、結婚生活に対する満足度も低下していく可能性があります。

結婚期間が延びるにつれて夫婦関係満足度が低下するのは日本でも見られる現象ですが[*8]、若い相手と結婚するとその減少幅が大きくなるという傾向は、非常に興味深い結果です。

日本では年上と結婚する女性が減少

これまで見てきたとおり、オーストラリアでは自分よりも若い相手と結婚すると、結婚時点の夫婦関係満足度が高い傾向にあります。しかし、結婚期間が延びるとともに徐々に夫婦関係満足度が低下し、10年で初期の満足度のメリットは消えてしまいます。年の差夫婦がとくに幸せなのは、はじめの10年といったところでしょう。

残念ながらこの点に関して日本の研究はないのですが、日本の夫婦の年齢差の推移を見ると興味深い傾向が見えてきます。図7は1980年、2000年、2021年の初婚夫婦の年齢差を示しているのですが、この図から次の2点が読み取れます。

まず、夫が年上の割合は、持続的な減少傾向にあります。二つ目は、同年齢夫婦と妻が

図7 初婚夫婦の年齢差の推移

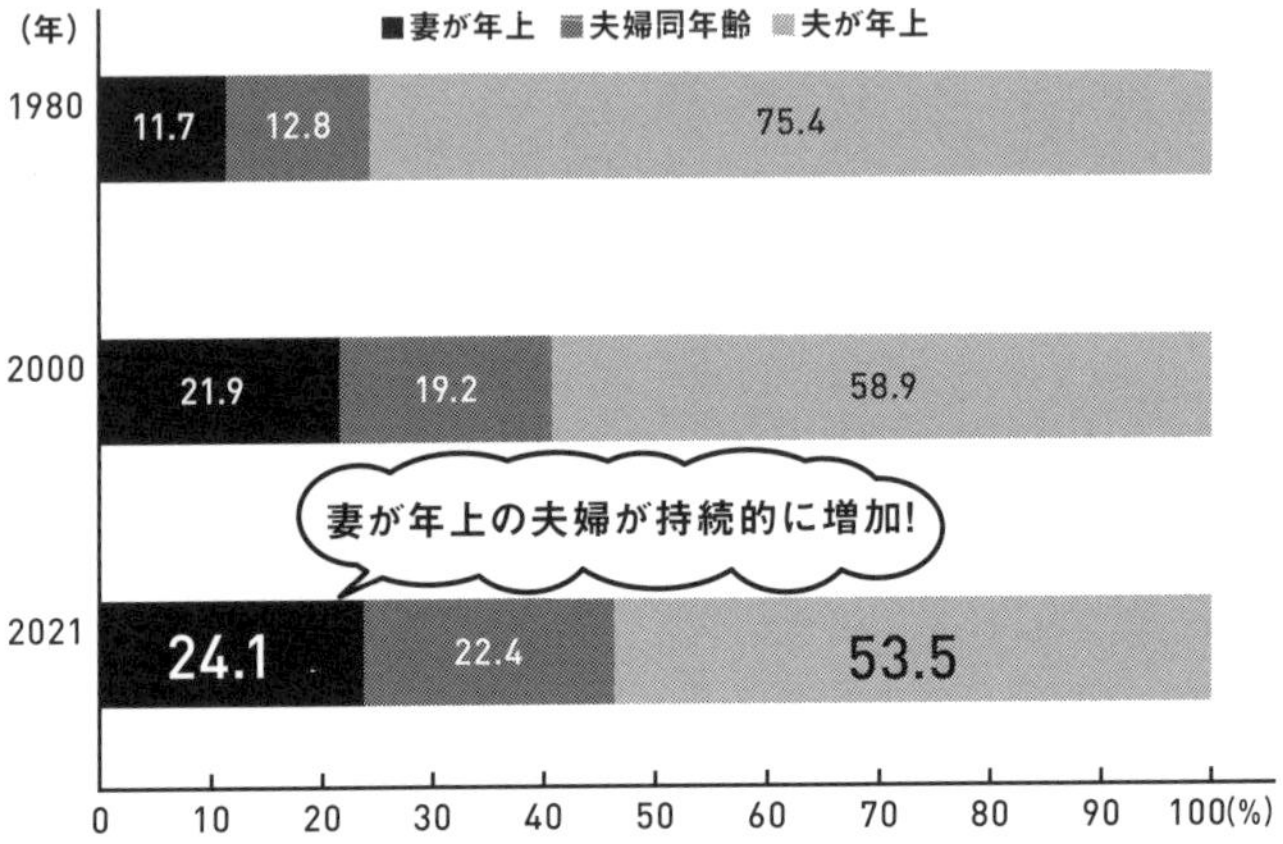

出典：厚生労働省『人口動態統計』

表1 初婚夫婦の詳細な年齢差の推移

		1980年	2000年	2021年
妻が年上	4歳以上	2.0%	4.7%	5.9%
	3歳	1.4%	2.9%	3.1%
	2歳	2.6%	4.8%	4.9%
	1歳	5.7%	9.4%	10.2%
夫婦同年齢		12.8%	19.2%	22.4%
夫が年上	1歳	12.7%	14.5%	14.0%
	2歳	12.6%	11.1%	9.3%
	3歳	12.2%	8.7%	7.2%
	4歳	10.9%	6.7%	5.6%
	5歳	9.0%	5.0%	4.2%
	6歳	6.7%	3.6%	3.2%
	7歳以上	11.4%	9.3%	10.1%

出典：厚生労働省『人口動態統計』

年上の割合は持続的に増えており、2021年では妻が年上の夫婦のほうが同年齢夫婦よりも多くなっています。

今では妻のほうが年上であるケースは、珍しくはありません。

右ページの表1はより詳細に初婚夫婦の年齢差の構成比を見ています。2021年の値を見ると、最も大きいのは夫婦が同年齢の場合であり、2番目に大きいのは夫が1歳年上の場合、そして、3番目に大きいのは妻が1歳年上の場合でした。これら上位三つを合計すると、46・6%となり、約半分を占めています。

この結果と図7の結果を総合すると、**年上男性との結婚が減り、そのぶん年齢層の近い男女で結婚が増えている**と言えます。

日本では趨勢的に年齢層の近い夫婦が増加しているわけですが、これは興味深い動きです。というのも、夫婦の年齢差に性別役割分業に対する考えが反映されている可能性があるためです。

ワンシェン・リー准教授とテラ・マッキニッシュ教授の研究では、夫婦の年齢差によって性別役割分業に対する考えがどう異なっているのかという点も検証しています。この結果を見ると、**夫の年齢が妻よりも４歳以上高い夫婦ほど、「男性は仕事、女性は家事・育児」という考えを持つ割合が高く、同じ年齢の夫婦ほどその割合が低くなっていました。**

ワンシェン・リー准教授らの分析を考慮すれば、日本における年上男性との結婚の減少および年齢層の近い夫婦の増加は、「男性は仕事、女性は家事・育児」という性別役割分業意識の変化を示唆している可能性があります。

ただし、諸外国と比較して日本の性別役割分業意識は依然として強く、女性の就業や出産・子育ての阻害要因になっていると指摘されています。このため、今後さらなる性別役割分業意識の解消が求められます。

この解消の度合いを測る指標の一つとして、夫婦の年齢差が活用できるかもしれません。

「長男の嫁」の幸福度は低い？

続いて見ていきたいのは、長男との結婚と妻の幸せの関係です。

女性の視点から見て、長男との結婚は、気になるトピックです。というのも、日本では昔から**「長男との結婚は大変」**と言われてきたからです。

背景にあるのは戦前からの「長男重視」の傾向です。親は長男を跡取りと考え、さまざまな投資を行ない、とくに大事に育てていきます。そして、成人後には年老いた親の面倒を見てもらうという構図が存在していました。

この構図の中に長男と結婚した女性も組み込まれており、義両親へのさまざまなサポートを行なうことになります。義両親との関係が良好であれば問題ないのですが、もしそうでない場合、女性の苦労は相当なものになるでしょう。実際、義両親との関係に悩まされる女性はさまざまなメディアで取り上げられてきました。

こう考えると、長男との結婚が幸せにつながるのか疑問が出てきます。また、令和になり、昔よりは「長男重視」の傾向が弱まっていると考えられるため、長男との結婚の影響が変化している可能性もあります。

はたして実態はどうなっているのでしょうか。以下で私が実際に行なった分析をもとに、長男と結婚した女性の幸福度がそのほか（次男以下）の場合と比較して高いのか、それとも低いのか明らかにしたいと思います。

図8は夫が長男の場合と義両親と同居した場合の妻の幸福度の変化を示しています。[*9] 図では妻の幸福度を1～5の5段階で計測し、夫や妻の学歴や就業状態といった個人属性の

影響をコントロールしました。

この図からわかるとおり、夫が長男の場合、妻の幸福度は低下しています。ただし、その影響は大きいとは言えません。むしろ、義両親との同居のマイナスの影響が強く、夫が長男の場合の2・4倍の大きさです。

この結果から、「夫が長男であるかどうか」という点よりも、「義両親との同居」のほうが妻の幸せには重要だと言えるでしょう。

ただし、夫が長男であるかどうかという点は、義両親との同居と関連しています。分析したデータでは、夫が長男の場合、義両親との同居割合は12％でしたが、次男以下の場合だと3％でした。つまり、夫が長男だと同居割合が跳ね上がる傾向にあるわけです。

以上の点を整理すると、**①長男の夫と結婚→②義両親との同居割合の上昇→③妻の幸福度低下**というメカニズムがあると考えられます。

さて、長男ほど自分の両親と同居する割合が高いわけですが、その背景にはどのような要因が存在しているのでしょうか。

この点についても分析を行なった結果、長男ほど「自分が親の面倒を見なければならな

図8 夫が長男の場合と義両親と同居した場合の妻の幸福度の低下幅

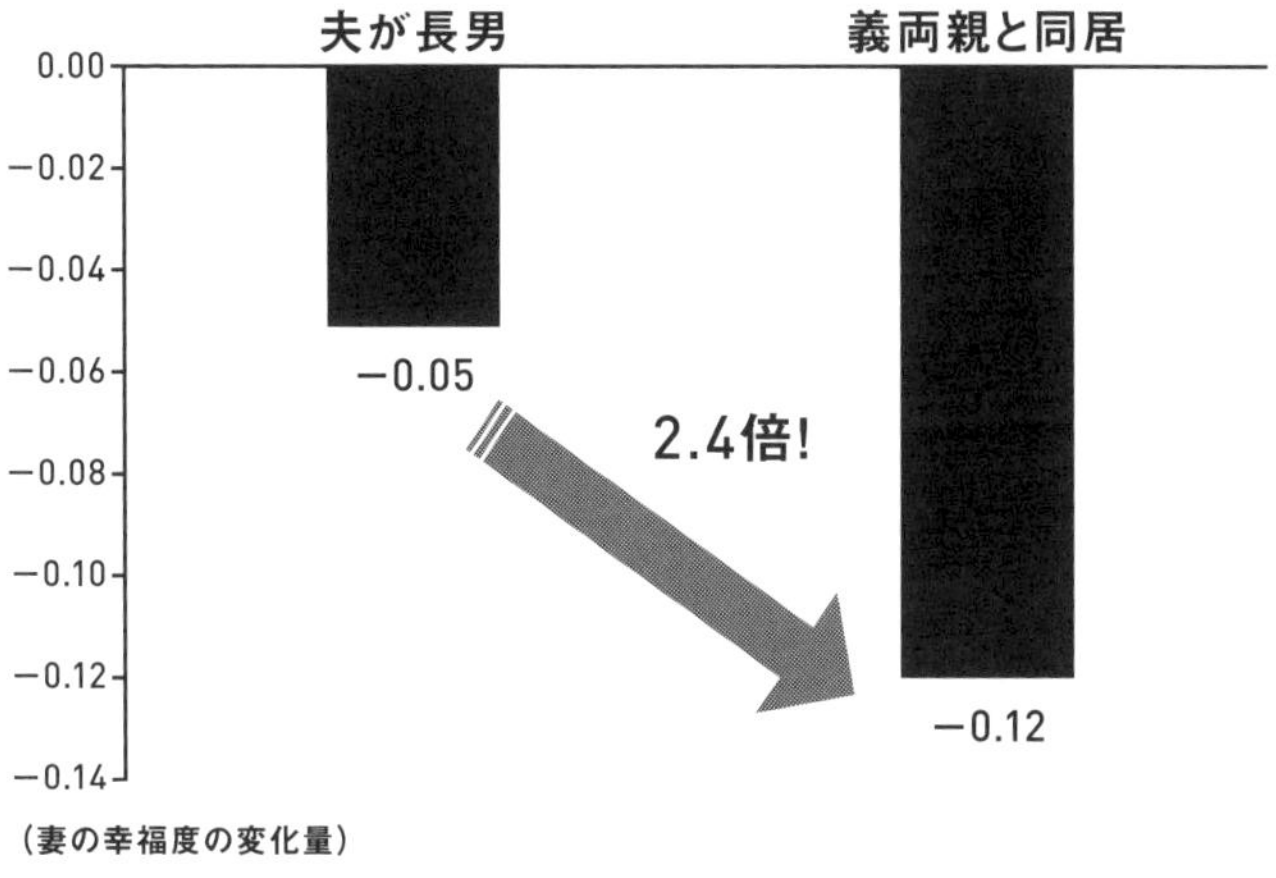

出典：Sato, K (2022). Does the marriage with the man who is the eldest son bring happiness to women?: Evidence from Japan. PDRC Discussion Paper Series DP2022-004.

い」と考える傾向が強いことがわかりました。分析に使用したデータでは「年老いた両親の面倒を子どものうち誰が見るべきか」という質問があり、長男の既婚男性ほど「きょうだい全員で親の面倒を見る必要はなく、自分が見るべき」という考えを持っている割合が高くなっていたのです。このような意識の差が、親との同居に踏み切る背景にあると考えられます。

ちなみに、金銭面と生活面（掃除・料理・買い物・雑用）のどちらで親の支援を行なうのかという点を見ると、長男ほど生活面で親の支援を行なう傾向が強くなっていました。これら生活面の支援には、長男の妻も参加する可能性が高く、妻の負担を増加させていると考えられます。

「一人っ子長男」増加の影響

長男との結婚によって幸福度は低下しているわけですが、この影響は近年でも続いているのでしょうか。この点に関して、妻が１９７０年以降に生まれたかどうかで影響に違いがあるのかを検証しました。

その結果、1970年以降に生まれた妻でも、長男との結婚によって幸福度は依然として低下しており、その影響は弱まっていませんでした。また、居住地域や家族生活、そして、家計の経済状況に関する満足度も低下していたのです。

家計の経済状況に関する満足度の低下は、長男との結婚のメリットが弱まっている可能性があることを示唆しています。じつは長男ほど学歴が高く、その結果として年収も高くなることがわかっています。[*10] これは**長男プレミアム**と言われています（この点については第6章で詳しく説明したいと思います）。長男との結婚は、長男プレミアムのような経済面で魅力的なのですが、長年にわたる低経済成長の影響を受け、そのプラスの効果が低下している可能性が考えられます。

以上の結果から、比較的近年に長男と結婚した女性でも、幸福度や満足度が依然として低下する傾向にあると言えるでしょう。

さて、ここで気になってくるのは、なぜ今でも長男との結婚によるマイナスの影響が続いているのかという点です。この原因の一つとして考えられるのが、少子化によるきょうだい数の減少で増加した「一人っ子長男」です。

図9は妻が45～49歳の夫婦の子どもが一人である割合の推移を示しています。1977年には11％でしたが、2021年には19・4％にまで増加しています。

これは、近年になるほど「一人っ子長男」に出会う可能性が増加したことを意味します。また、年老いた義両親の面倒を見る負担が一人っ子の夫に集中する可能性も増加し、これが女性の満足度を引き続き押し下げる原因になったと考えられます。

少子化によるきょうだい数の低下が思わぬかたちで長男との結婚のマイナスの影響を存続させた可能性があると言えるでしょう。

長男との結婚によって女性の幸福度は確かに低下しますが、影響の大きさで言えば義両親との同居のほうが大きいと言えます。長男という立場上、年老いた両親の面倒を見たいという夫の気持ちも理解できます。

しかし、妻の立場を慮《おもんぱか》れば、必ずしも同居という選択肢を選ぶ必要はないのかもしれません。

図9 妻が45〜49歳の夫婦の一人っ子の割合の推移

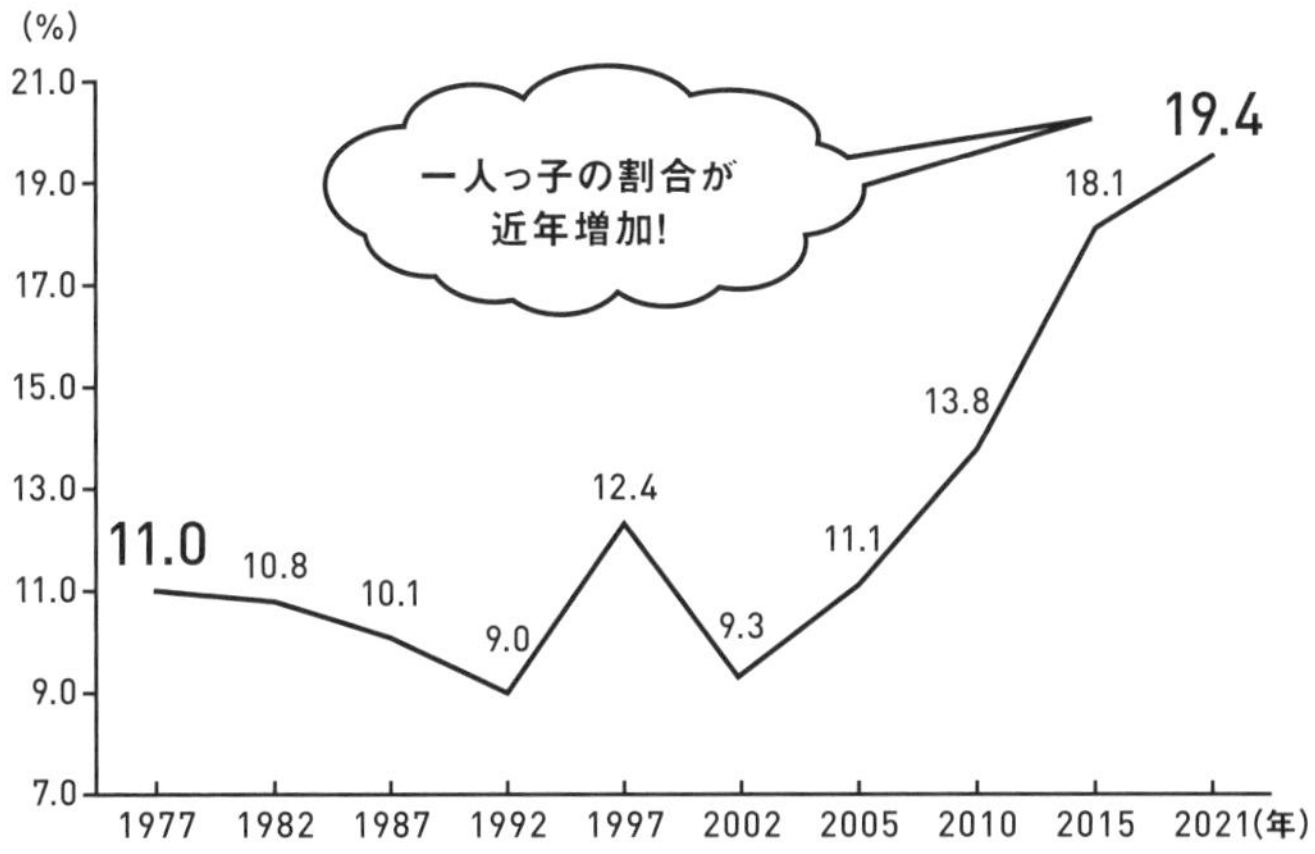

出典：国立社会保障・人口問題研究所『第16回出生動向基本調査』、図表6-4調査別に見た、妻45〜49歳夫婦の出生子ども数の分布。

「夫婦仲が悪い結婚」でも幸せになれるのか？

これまで結婚と幸福度の関係について、さまざまな視点から見てきましたが、その大前提として、図1～3にあるように、「結婚している人のほうが未婚者よりも幸せ」と考えてきました。

しかし、これは本当でしょうか。本当に結婚している人のほうが幸せなのでしょうか。

世の中を見渡すと、夫婦関係に不満を抱え、幸せではない結婚生活を送る人たちの姿を見かけることが少なからずあります。「家庭内別居」という言葉があるように、結婚していても必要最低限の会話しかせず、同じ家に住んでいるのにまるで別居しているような場合もあります。

このような事例があるからこそ、「結婚＝幸せ」という結果につい懐疑的になってしまうわけです。

これまで紹介してきた研究例では、「夫婦関係がいいのか、悪いのか」といった点を考慮していませんでした。夫婦関係がよければ、結婚によって幸せになるのは容易に想像できます。これに対して、夫婦関係が悪くても結婚によって幸せになるのでしょうか。もしそうであれば、結婚の幸せを押し上げる効果は、「本物」だと言えます。

そこで、ここからは「夫婦関係のよし悪《あ》し」によって、結婚による幸福度がどのように変化するのかを見ていきたいと思います。

図10がその分析結果です。[*11] この図ではデータの都合上、女性のみを対象としています。図10では結婚している女性を、夫婦関係に「満足」、「普通」、「不満」の三つのグループに分け、それぞれの幸福度の平均値を見ています。この図は、興味深い二つの結果を示しています。

一つ目は、夫婦関係の満足度が「満足」から「普通」、「不満」へと変化するにしたがって、女性の幸福度が低下するという点です。

夫婦関係に満足している女性ほど幸福度が高く、夫婦関係に不満を抱える女性ほど幸福度が低くなっています。この結果は、**「夫婦関係のよし悪しが女性の幸福度にダイレクトに影響する」**ことを意味します。

二つ目は、夫婦関係に不満のある女性の幸福度が未婚女性や離婚した女性の幸福度よりも低くなっているという点です。

これは、ショッキングな結果です。**夫婦関係に不満のある女性の幸福度が最も低くなっ**

図10 既婚女性を夫婦関係満足度別に分割した場合の幸福度

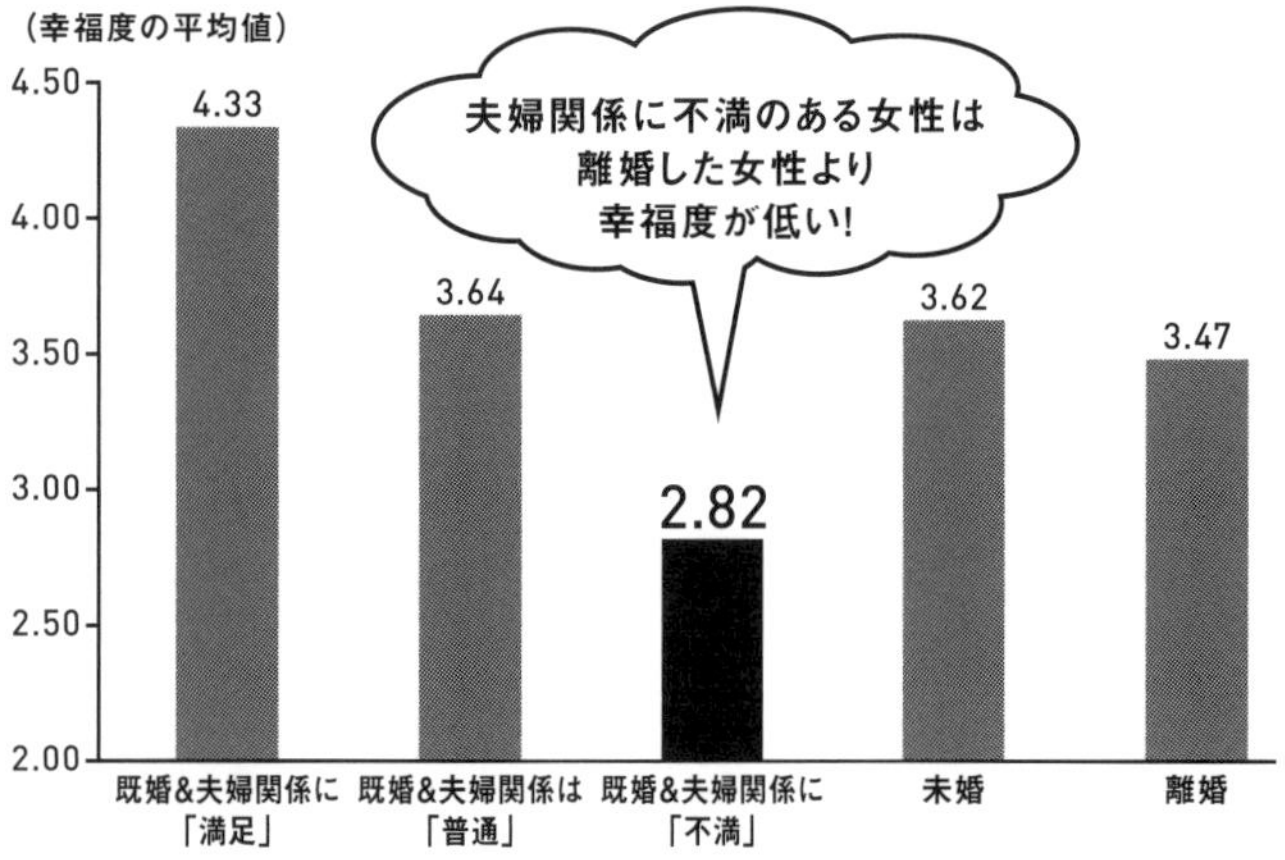

出典：佐藤一磨（2021）「夫婦関係満足度と幸福度―夫婦仲が悪い結婚と離婚、幸福度をより下げるのはどちらなのか―」PDRC Discussion Paper Series DP2021-001,p16の図2を一部修正して転載。図中の値は女性の幸福度を1から5の5段階で計測した場合の平均値を示している。

ているためです。この結果は、「夫婦関係に不満のある結婚は、女性の幸福度を押し下げるマイナスの影響を持つ」ことを意味します。

以上の結果をまとめると、**「結婚によってすべての女性が幸せになっているわけではなく、夫婦関係に満足する一部のみが大きな幸せを享受する」**と言えるでしょう。結婚から得られる幸福度には、格差が存在しているわけです。

続いて図11では、結婚期間別の夫婦関係満足度の構成比を示しています。[*11] これを見ると、結婚直後だと大半の女性が夫婦関係に「満足」していることがわかります。

しかし、結婚期間が長くなるにつれて、夫婦関係が「普通」や「不満」の割合が大きく増加します。結婚10年目以降になると、夫婦関係に「満足」している割合よりも、夫婦関係が「普通」や「不満」の合計値のほうが大きくなっています。

この結果を一言で言えば、**「夫婦関係は経年劣化する」**となるでしょう。

夫婦関係にすごく満足できるのは結婚してからの数年間であり、時間が経つにつれて普通になっていく。これは実感に近いのではないでしょうか。ちなみに、図11と同じデータを用いて、10年間継続して夫婦関係に満足している女性の割合を計算すると、約13%でした。この結果も夫婦関係に満足し続けることの難しさを物語っています。

図11 結婚期間別の夫婦関係満足度の構成比

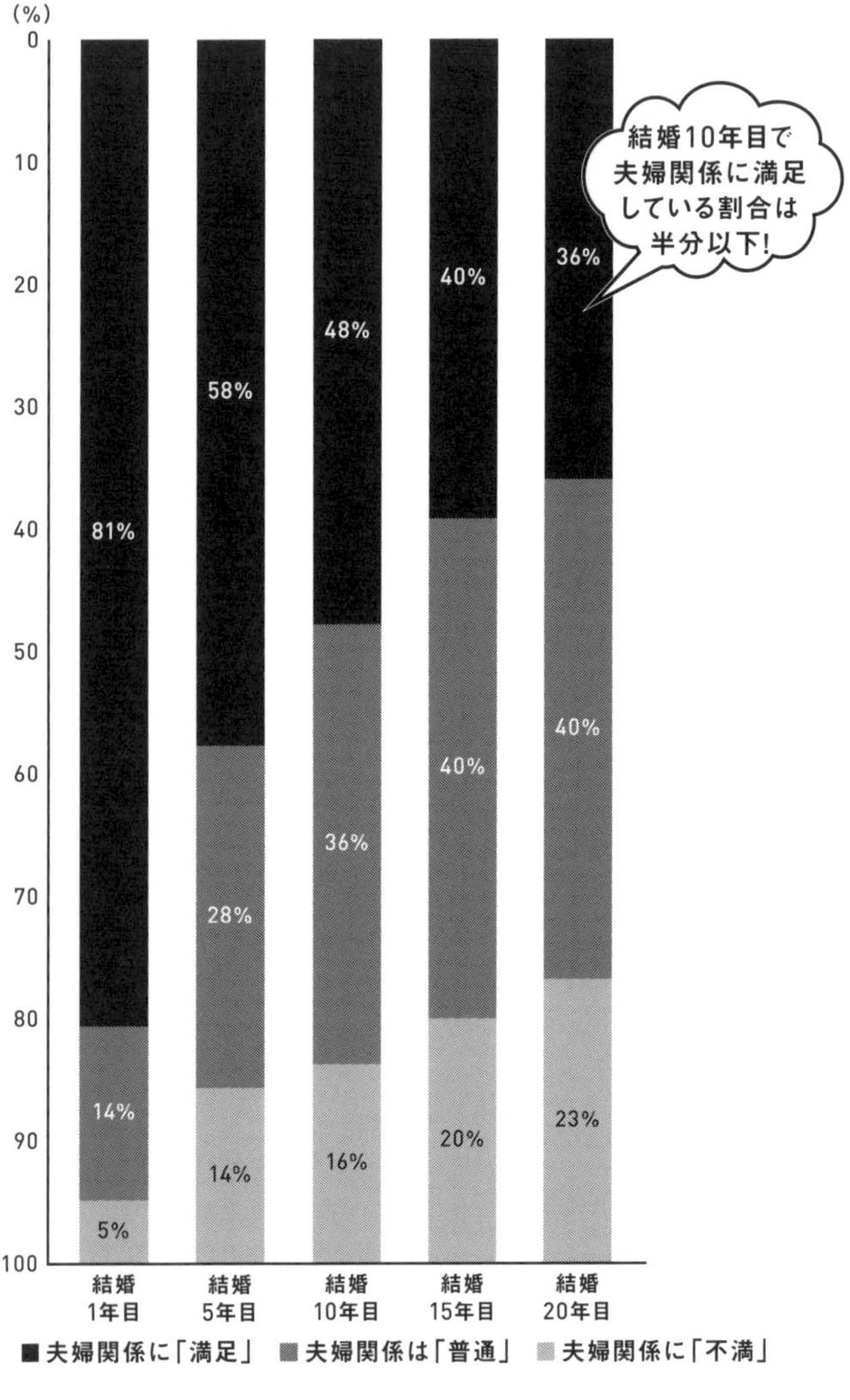

出典：佐藤一磨（2021）夫婦関係満足度と幸福度―夫婦仲が悪い結婚と離婚、幸福度をより下げるのはどちらなのか―,PDRC Discussion Paper Series DP2021-001,p26のAppendix1を一部修正して転載。

さて、これまでの内容を整理すると、次のようにまとめることができます。

「結婚によって幸せになれる女性もいるが、すべての女性が幸せになれるわけではない」

結婚は、幸せを保証するものではないということです。もし幸せな結婚生活を送りたいのであれば、結婚後もパートナーとうまくやっていく「マネジメント力」が求められることになるでしょう。

もともと赤の他人である二人の人間が同じ屋根の下で共同生活を行なうのが結婚です。このため、夫婦関係を良好に維持するには、調整やマネジメントが必要不可欠となります。食事、運動、余暇の過ごし方といった生活習慣から、子どもに対する考え方や金銭感覚に至るまで幅広い範囲がマネジメントの対象です。

しかも期間は1、2年というわけでなく、その後の生涯にわたる可能性があります。これはなかなか大変な作業です。

ほかの人間関係とは違い、夫婦の関係は、悪化したとしても簡単には切れません。もともと生涯をともに過ごすと誓った手前、そうそう簡単に関係を解消できるわけもなく、関係の維持・修復が求められることが多いと言えます。家族という関係には、この種のメンテナンスが必要となるわけです。

また、冷静に考えると、特定の人間と長期的に良好な関係を維持するには、努力が必要不可欠です。これは結婚相手でもそうでしょう。この努力をし続けることが「幸せな結婚」へと続く道になっていると言えるのではないでしょうか。

そして、重要なポイントなのですが、この努力をとくに行なう必要があるのは、じつは男性、つまり夫のほうです。

なぜなら、**結婚生活への不満がたまり、妻の幸福度が夫よりも相対的に低くなりすぎることが離婚の原因**となるからです。この点は第5章で詳しく説明したいと思います。

まとめ

本章では「結婚と幸せ」に関するさまざまな研究を紹介しました。内容の要点をまとめると以下のとおりです。

①男女ともに結婚しているほど、幸福度が高い。独身男性の幸福度は、各年別、

年齢別に見ても最も低く、この背景には不安定な雇用形態が影響していると考えられる。

②近年、妻のほうが学歴の高い夫婦が増えている。ただし、妻のほうが学歴の高い場合、妻の幸福度は相対的に低い。

③男女とも自分より若い相手と結婚すると、結婚の満足度が高くなる。ただし、この満足度上昇の効果は10年で消えてしまう。

④長男との結婚によって女性の幸福度は低下する。ただし、義両親と同居した場合のほうが幸福度の低下は大きい。

⑤夫婦関係に不満がある女性の幸福度は、未婚女性や離婚した女性の幸福度よりも低くなっている。これは、結婚したすべての女性が幸せになっているわけではないことを意味する。

第 4 章

「子どものいる女性ほど幸福度が低い」のはなぜか

子育てと幸せの経済学

子どもは本当に幸せの象徴？

みなさんは『うちの3姉妹』というアニメをご存じでしょうか。松本ぷりっつ先生のブログで発表されたマンガが原作で、松本先生と子どもたちとの関係をおもしろおかしく描いた作品です。

この作品では個性的な3姉妹が織りなすさまざまな問題や成長を母親の視点から描いています。これを見ると、「子育てって大変だな」と感じる半面、「でも、子どもっていいよね」とも思ってしまいます。

この作品以外にも子育てを描いた作品は数多くありますが、いずれも「子育ては正直大変だけど、それ以上に得るものがあって、幸せ」というメッセージを読み取ることができます。このように、子どもを持つことが幸せにつながるという考えは一般的であり、多くの人が同意するものではないかと思います。

しかし、これは本当なのでしょうか。本当に、子どもを持つことが幸せにつながるのでしょうか。

前述のように、子育てには大変な面と子どもを持つことの喜びといった二つの側面があります。多くの人が子育てのプラスの面が大きいと考えているようですが、もしそうではない場合、子どもを持つことが親の幸福度を低下させている可能性もあります。

この実態を本章ではデータを用いて、定量的に明らかにしていきたいと思います。

子どものいる女性のほうが生活満足度が低い

子どもを持つことは、親、とくに子育ての主体となる女性の幸せにどのような影響を及ぼすのでしょうか。

この問いは、これまで日本を含めたさまざまな国で検証されてきました。そして、それらの研究結果を見ると、ショッキングな現実が見えてきます。

123ページの図1は、日本の既婚女性の子どもの有無と幸せの関係を示しています。分析対象は約2万2000人の既婚女性であり、1993〜2017年までが分析期間となっています。なお、ここでは幸せの指標として生活満足度を用いています。

図1から読み取れることはシンプルです。それは、**「日本では、子どものいる女性のほうが生活全般の満足度が低くなる」**ということです。

図1の分析結果は、統計的な手法を用いて年齢、学歴、世帯所得などのさまざまな個人属性の影響をコントロールしても変わりません。働く妻や専業主婦に分析対象を分けた場合でも、子どものいる女性の満足度のほうが低くなっていました。

次の図2では、子どもの数と既婚女性の生活満足度の関係を見ています。

この図から、**「子どもの数が増えるほど、女性の満足度が低下する」**という傾向が読み取れます。「二人は欲しい」「できれば三人目も欲しい」と望む女性がいる中、実際に出産してみると生活全般の満足度が下がってしまう。これが日本の女性が直面する厳しい現実です。

ほとんどの親にとって子どもはかわいく、愛《いと》おしい存在です。しかし、子どもの数が増えるにしたがって、生活全般の満足度が低下してしまう。このような厳しい現実が「もう一人」を生むことをためらわせ、出生数の減少につながっている可能性があります。

続く図3は、子どもの年齢別に見た既婚女性の生活満足度の変化を示しています。

この図から、**「女性の満足度は、子どもの年齢とともに低下し、子どもが思春期にさしかかると最も低くなる」**という傾向が読み取れます。

子どもが思春期になると、親子関係が悪化し、満足度が下がってしまう。しかし、それ

図1 子どもの有無と既婚女性の生活満足度

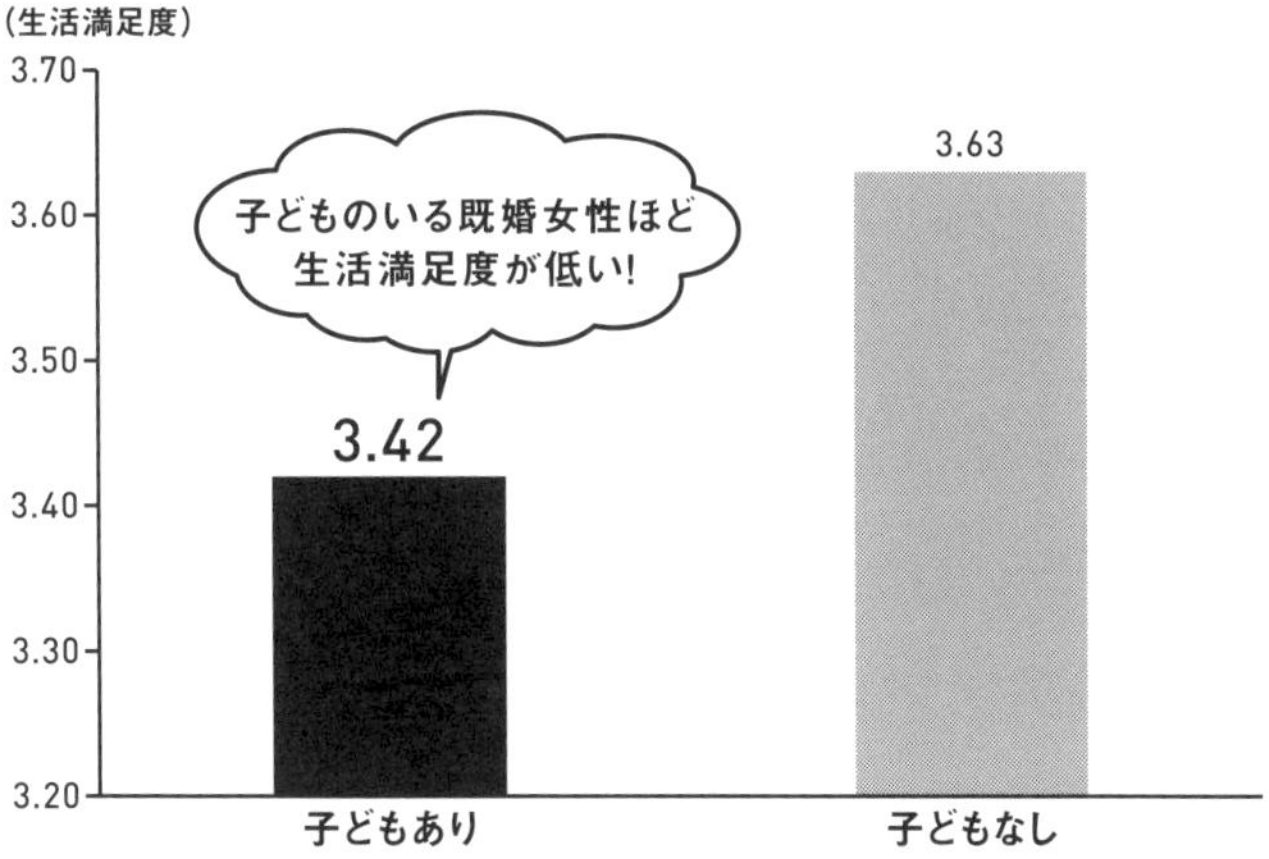

出典:佐藤一磨(2021)子どもと幸福度—子どもを持つことによって、幸福度は高まるのか—,PDRC Discussion Paper Series DP2021-002,p14の図1を転載。図中の値は既婚女性の生活満足度を1から5の5段階で計測した場合の平均値を示している。

図2 子どもの数によって変化する既婚女性の生活満足度

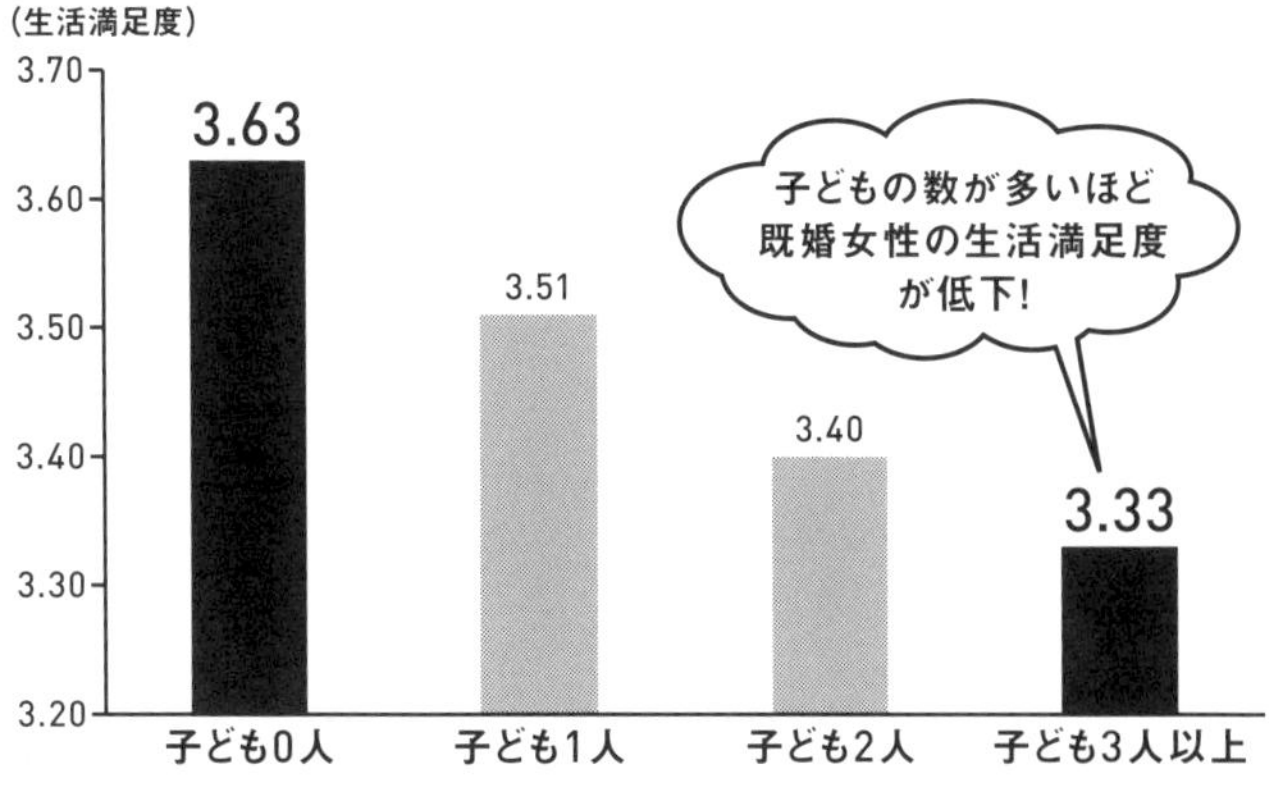

出典:佐藤一磨(2021)「子どもと幸福度—子どもを持つことによって、幸福度は高まるのか—」PDRC Discussion Paper Series DP2021-002,p14の図2を転載。図中の値は既婚女性の生活満足度を1から5の5段階で計測した場合の平均値を示している。

図3 子どもの年齢によって変化する既婚女性の生活満足度

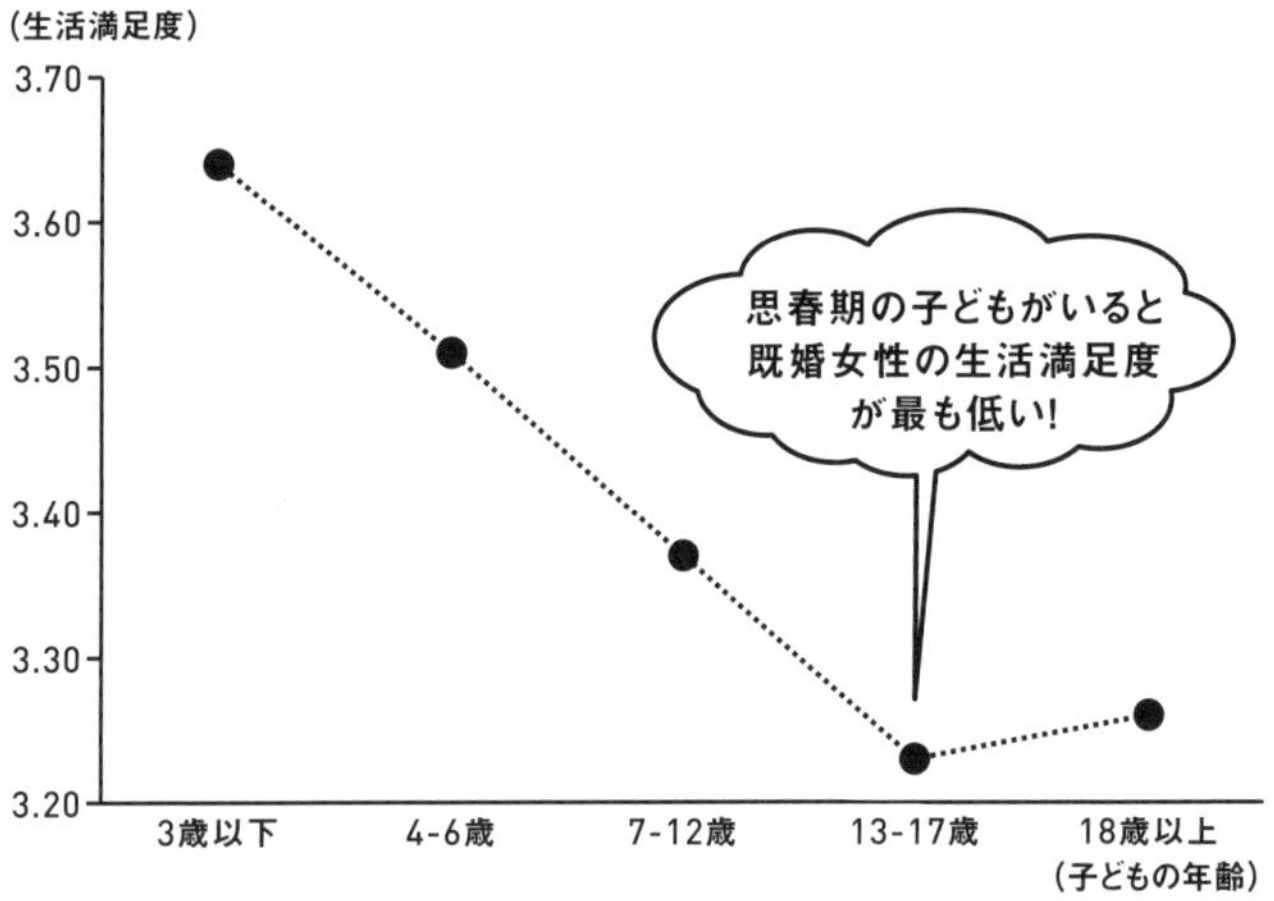

出典：佐藤一磨（2021）「子どもと幸福度―子どもを持つことによって、幸福度は高まるのか―」PDRC Discussion Paper Series DP2021-002,p15の図3を一部修正して転載。図中の値は女性の生活満足度を1から5の5段階で計測した場合の平均値を示している。

を過ぎて親子関係が改善していくと、満足度も徐々に持ち直していく。この結果は、すでに成人したお子さんを持つ親御さんにとって、実感に近いものではないでしょうか。

子を持つと幸福度が下がる三つの理由

以上の分析結果は、子どもを持つ人にとってドキッとするものではないかと思います。子どもを持つことはポジティブなイメージをともなうことが多いため、分析結果とのギャップに驚いた人も少なくないでしょう。

さて、ここで疑問になってくるのが**「なぜ子どもを持つことが女性の幸福度を下げるのか」**という点です。何が原因となり、子どもを持つ女性の生活満足度が低くなっているのでしょうか。この背景には、大きく言って二つの可能性が考えられます。

一つ目は、「子どもの存在自体が女性の幸福度を低下させる」という可能性です。

二つ目は、「子どもを持つことにともなうさまざまな変化が、女性の幸福度を低下させる」という可能性です。

これら二つの可能性のうち、前者については、妥当ではないと考えられています。というのも、子どもを持つことが人生における精神的な充足や幸福につながるメリットがあると指摘する研究があるためです。[*1]

子どもとの触れ合いやその成長を見守ることは、自分の人生に大きな意味があると実感することにつながるだけでなく、日々の生活に充実感をもたらします。愛すべき存在が近くにいてくれるということは、それだけで幸せを実感させてくれます。これらの点から、子どもを持つこと自体は、幸福度を高める効果があると言えるでしょう。

そうなってくると、原因としては子どもを持つことにともなう生活の変化が有力です。それでは、子どもを持つことにともなう生活の変化の中で、何が女性の幸福度を低下させるのでしょうか。これまでの研究を見ると、**①お金、②夫婦関係、③家事・育児負担**の三つが候補として挙げられます。

まず、①お金ですが、子育てには金銭的負担がともないます。子どもの衣食住を整えるだけでも多くの支出をともないますが、これに加えて教育費が重くのしかかってきます。今の日本のように、高校生の約半分が大学へ進学する現状を考えると、大学までの学費を準備する必要が出てくるでしょう。また、近年、都市部を中心に中学受験が増えており、さらに多くの教育費が必要になる可能性もあります。

これらの金銭的負担が日々の生活に重くのしかかり、家計を預かることの多い女性の幸福度を低下させるわけです。

②夫婦関係ですが、出産にともない、「夫・妻」といった役割に「父・母」といった新たな役割が加わります。「父・母」といった役割を最初から十分にこなすことができれば問題ないのですが、すべての夫婦がうまくいくわけではありません。とくに第1子の場合、慣れないことの連続であり、夫婦ともに精神的・肉体的なストレスを抱え、夫婦関係が悪化することが考えられます。

このような夫婦関係の悪化が女性の幸福度を低下させると考えられます。

③家事・育児負担ですが、②夫婦関係と密接に関連しています。多くの夫婦は、子どもを持つことにともなって大きく増加する家事・育児負担を「誰が」、「どの程度」担うのかといった問題に直面します。「男性＝仕事、女性＝家事・育児」といった役割意識が色濃く残る日本では、女性に家事・育児負担が偏ることが多くなっています。

このような重い家事・育児負担が女性の幸福度を低下させる可能性があります。

以上、①お金、②夫婦関係、③家事・育児負担の三つが女性の幸福度を低下させる原因として考えられるわけですが、おそらく、この三つの要因がそれぞれ影響力を持っており、その大きさが異なると考えるのが自然でしょう。

幸福度を下げる最大の原因は「お金」

では、三つの原因のうち、どの要因の影響力が強いのでしょうか。

この点に関して、アメリカのダートマス大学のデービッド・ブランチフラワー教授とフランスのパリ経済学校のアンドリュー・クラーク教授は、ヨーロッパの延べ120万人以上を調査したデータを用い、子どもを持つ女性ほど幸福度が低くなる原因を分析しました。*2

彼らの研究で注目しているのは、ズバリ「お金」です。

彼らの分析では、お金の影響を統計的手法によってコントロールした場合、子どもを持つことの影響がどのように変化するのか、という点に注目しました。もし子どもの影響がマイナスからプラスに変化した場合、幸福度低下の原因は、お金であると考えられます。反対に、子どもの影響がマイナスのままであった場合、幸福度低下の原因は、お金以外の要因だと考えられます。

実際の分析の結果、お金の影響を統計的手法によってコントロールすると、子どもの影響がマイナスからプラスへと変化することが明らかになりました。

つまり、**子どもを持つことによって女性の幸福度が低下するのは、金銭的負担が主な原因であり、子ども自体は女性の幸福度を高めている**、というわけです。

日本において、子どもを持つことにともなうお金の問題は頭の痛くなるものですが、ヨーロッパでも事情は同じようです。

ヨーロッパでは、子どもを持つ女性ほど幸福度が低くなる原因について研究が進んでいますが、日本ではまだ研究がありません。このため、何が女性の幸福度を引き下げる決定打になっているのかは、明確にはわかっていない状況です。

ただ、これまでの日本国内の研究を整理すると、お金だけでなく、夫婦関係も女性の幸福度の低下に大きな影響を及ぼす可能性が高いと予想されます。

夫婦関係が急速に悪化するきっかけ

シカゴ大学の山口一男教授と日本女子大学の永井暁子教授の研究によれば、子どもを持つことによって夫婦関係満足度が低下することがわかっています。[*3] とくに山口一男教授は論文の中で、第1子出産時に夫婦関係満足度が低下すると指摘しています。

実際に第1子出産前後の夫婦関係に満足している割合の推移を見ると、出産直後から大きく値が低下しています（図4）。

図4の結果は、**「第1子出産直後に夫婦関係が急速に悪化する」**ことを意味します。

このような夫婦関係の悪化は、いわゆる「産後クライシス」と呼ばれる現象と近く、女性の幸福度を押し下げる大きな要因になっていると考えられます。さらに、山口一男教授は別の論文の中で、第1子出産時の否定的な育児経験が第2子出産への障害になると指摘しています。[*4] 第1子出産後に夫の育児の支援が得られず、夫婦関係が悪化した場合ほど、第2子の出産が抑制される傾向にあるわけです。

整理すると、**①第1子出産→②夫の子育て支援などが得られず夫婦関係が悪化→③女性の幸福度低下&第2子出産の抑制**、といった流れがありそうです。

このような関係があることを考慮すれば、出産後の夫婦関係のケアの重要性は高いと言えます。第1子出産後に急速に悪化する夫婦関係に対処するためにも、「出産後学級」などの施策がより必要となるかもしれません。

夫婦関係の悪化は「家族の問題」として捉えられ、自分たちだけで解決しようと考えが

図4 第1子出産前後に夫婦関係に「満足」している割合

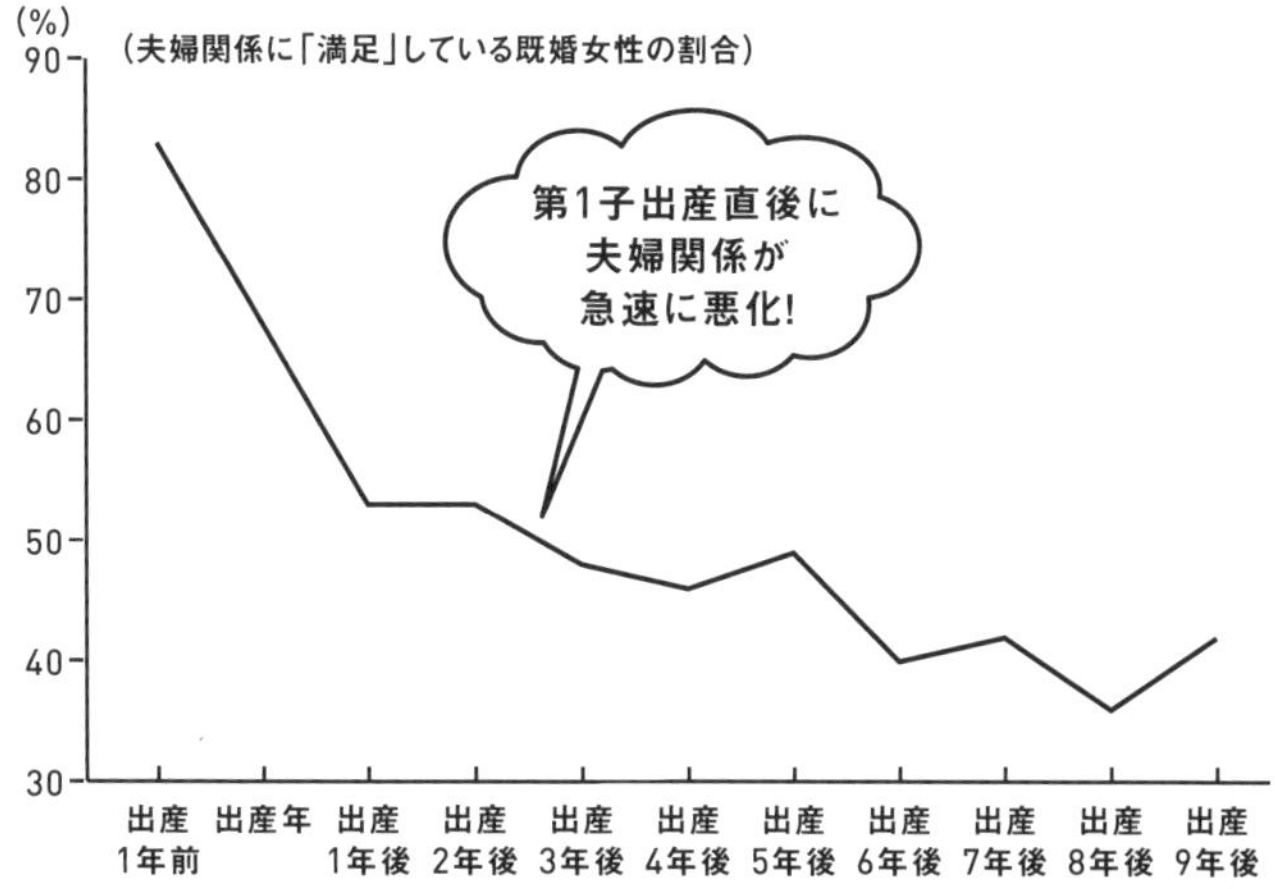

注：佐藤一磨（2021）夫婦関係満足度と幸福度―夫婦仲が悪い結婚と離婚、幸福度をより下げるのはどちらなのか―,PDRC Discussion Paper Series DP2021-001,p25のAppendix3の図を転載。図中の値は夫婦関係の満足度を1から5の5段階で計測した際の5と4の割合（非常に満足、または、まあまあ満足）の推移を示している。

ちです。しかし、出産後の夫婦関係の悪化は、その後の結婚生活だけでなく、「もう一人」の出産にも深刻な影響を及ぼす恐れがあります。このため、外部の力を活用したケアを検討することも重要でしょう。

現在、日本は少子化という大きな課題に直面しており、この課題に対処するためにも、さまざまな政策が実施されています。

しかし、日本の女性は子どもを持つほど、そして、その数が増えるほど、生活満足度が低下する厳しい現実に直面しています。

「子どもの数は増えてほしいけど、その結果として、女性の満足度が低下する」

このように、社会の求める方向性と個人の幸せが逆行する状況となっています。これは、日本の社会が直面する**「大きな矛盾」**だと言えるでしょう。

しかし、近年、男性の家事・育児参加が進み、男性も主体的に子育てに携わるといった望ましい流れが出はじめています。この中で、男性も子育ての大変さや仕事と家庭のバランスをどのようにとればいいのかという点に悩み、苦しむ事例が出てきています。*5

この悩みや苦しみは、これまで女性が長年にわたって経験してきたものであり、男性側がそれを追体験している状況だと言えます。

男性と女性のそれぞれが仕事と家庭を両立させることの大変さを理解した上で、「じゃあ、どうすればいいのか」をオープンに話し合い、新しい方法を模索できる準備がようやく整いつつあるということです。ただし、それを各家庭の責任にまかせるのではなく、育休制度や働き方改革しかり、男性の家庭進出をよりいっそう加速させる政策が必要でしょう。

子どものいる高齢者は生活満足度が低い

さて、ここまでは子育て期の親を念頭に置いてきましたが、子どもが巣立ち、親が年老いた場合、子どもの存在は、親の幸せにどのような影響を及ぼすのでしょうか。

子育てにともなう金銭的・時間的・肉体的な負担は、子どもの成長とともに変化します。子どもが小さいときは時間的・肉体的な負担が大きく、ある程度成長すると今度は金銭的な負担が大きくなります。そして、子どもが働き出したタイミングで子育てが一段落つき、さまざまな負担から解放されることになります。

その後、親が高齢になると、今度は逆に子どもから親へさまざまな支援が行なわれる場合があります。支援には金銭的なものもあれば、ふだん生活する上での手助けや家庭での介護も含まれます。これ以外にも、子どもの存在が孤立を防ぎ、社会の人々と交流するための重要な役割を果たすとも指摘されます。[*6]

以上から明らかなとおり、親が高齢になると子育てにともなう負担が減少すると同時に、子どもからの支援が期待できるようになるわけです。

これは、「子どもの存在が高齢の親の幸福度に大きなプラスの効果をもたらす可能性がある」ことを意味します。

はたして実態はどうなのでしょうか。こちらもデータを使って定量的に検証したいと思います。

136ページの図5は、60歳以上の子どものいる既婚者と子どものいない既婚者の幸せの度合いを比較したものです。分析対象は既婚女性約4500人、既婚男性約5300人であり、分析対象期間は2009~2018年です。なお、図5でも幸せの指標として、生活満足度を用いています。ここでは0~10の11段階で生活満足度を計測しました。

この図から、**「男女とも、子どものいる高齢既婚者のほうが生活満足度が低い」**ことがわかります。

もちろん、子どもによる生活満足度へのマイナスの影響は、現役世代の場合よりも小さくなっていいます。ただ、マイナスの影響を持つ点は、変わっていません。子どもの存在が高齢者の生活満足度の向上につながっているとは言いがたい状況です。

高齢期においても子どもの存在が生活満足度を押し下げるというこの結果は、かなり衝撃的です。

子育て期ならまだしも、なぜ子育てが終わったあとでも依然として子どもの存在が生活満足度を押し下げているのでしょうか。この原因が気になるところですが、これには二つの可能性が考えられます。

子が高齢親の満足度を低下させるワケ

一つ目は、**「お金」**です。

日本では高校生の約半分が大学に進学します。また、短大や専門学校に進学する学生もおり、教育費の経済的な負担は長期にわたります。これらの負担が原因となり、保有する

図5 子どもの有無と生活満足度の関係

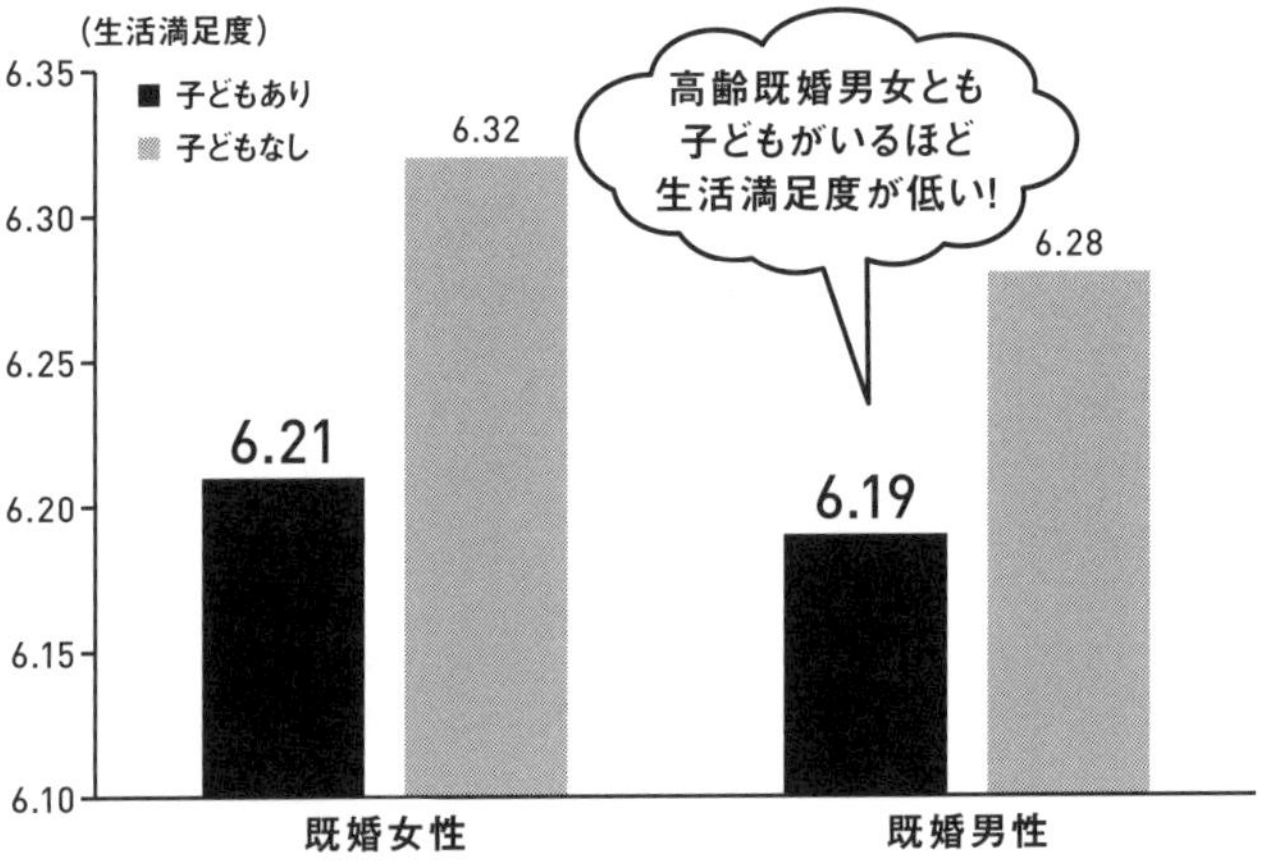

出典：佐藤一磨（2021）「高齢期における子どもの存在は幸せをもたらすのか」PDRC Discussion Paper Series, DP2021-008のp11、図1を転載。分析対象は60歳以上の既婚男女である。図中の値は生活満足度の平均値を示す。

金融資産額が減少し、高齢期における生活満足度を押し下げている可能性があります。
じつは、これには裏付けがあります。

138ページの図6は、日本の高齢既婚男女の世帯所得に関する満足度を示しています。なお、世帯所得満足度も0〜10の11段階で計測した指標で、値が大きいほど世帯所得に満足していることを示しています。

この図から明らかなとおり、子どものいる高齢既婚者の世帯所得満足度のほうが低くなっています。この結果は、高齢期でも子どもの存在がお金の面で不満の原因になっていることを示しています。

さらに、世帯貯蓄額と世帯借入額を見ると、子どもの有無によって差が生じていることがわかります。140ページの図7と図8は、高齢既婚者の世帯貯蓄額と世帯借入額の平均値を示しています。

図7、8は、子どものいる高齢既婚者のほうが世帯貯蓄額がやや小さく、世帯借入額がやや大きいことを示しています。子どものいる世帯のほうが保有する金融資産が少なくなっているわけです。

図6、7、8から、子どもを養育することの長期にわたる金銭的負担が高齢期に如実に

図6 子どもの有無と世帯所得満足度の関係

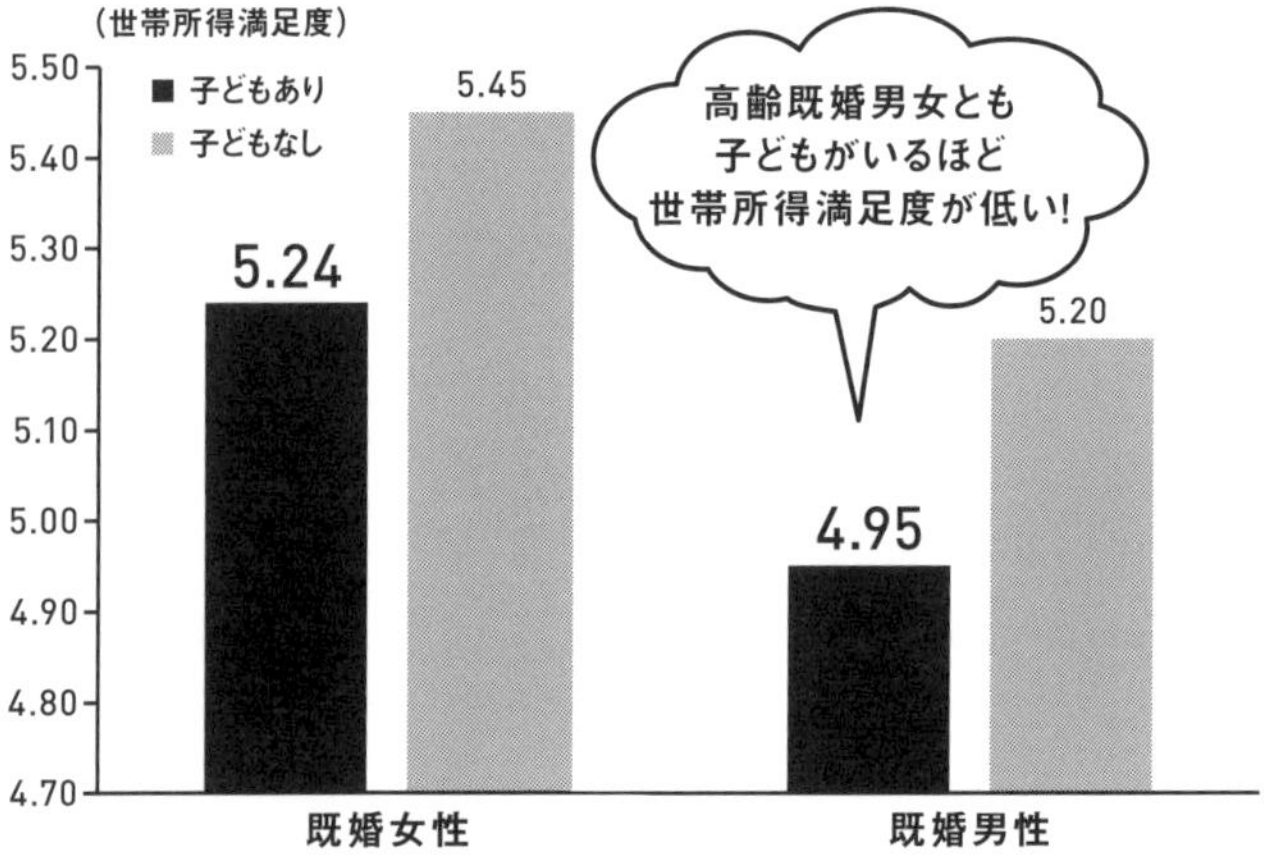

出典：佐藤一磨（2021）「高齢期における子どもの存在は幸せをもたらすのか」PDRC Discussion Paper Series, DP2021-008のp12、図2を転載。分析対象は60歳以上の既婚男女である。図中の値は世帯所得満足度の平均値を示す。

表れていると言えるでしょう。これが生活満足度を低下させる原因の一つになります。

二つ目の原因は、**「世帯構造の変化」**です。

日本では１９９０年代の前半にバブル経済が崩壊し、その後、長期にわたって不況が続きました。この結果、若年層を中心に非正規雇用で働く割合が増え、所得水準も低下しています。このような状況を受け、学校を卒業後も親と同居し、経済的に依存する子の割合が増加した可能性があります。

実際に『厚生行政基礎調査報告』および『国民生活基礎調査』を見ると、65歳以上の人がいる世帯のうち親と未婚の子どものみの世帯は、１９７５年では９・６％（約68万世帯）でしたが、２０１９年では20％（約５１２万世帯）にまで増加しています。

中央大学の山田昌弘教授は、学卒後でも親に基本的な生活を依存する未婚者を「パラサイト・シングル」と呼びましたが、経済環境の悪化から「パラサイト・シングル」が増加した可能性があります。ただし、山田昌弘教授が「パラサイト・シングル」の存在を指摘したのは20年近く前であり、近年の「パラサイト・シングル」はより経済的な理由から親と同居せざるをえないといった苦しい状況を反映していると考えられます。

以上のような**同居未婚者の増加が親世代の経済的負担を長引かせ、高齢の親の生活満足**

図7 子どもの有無と世帯貯蓄額の関係

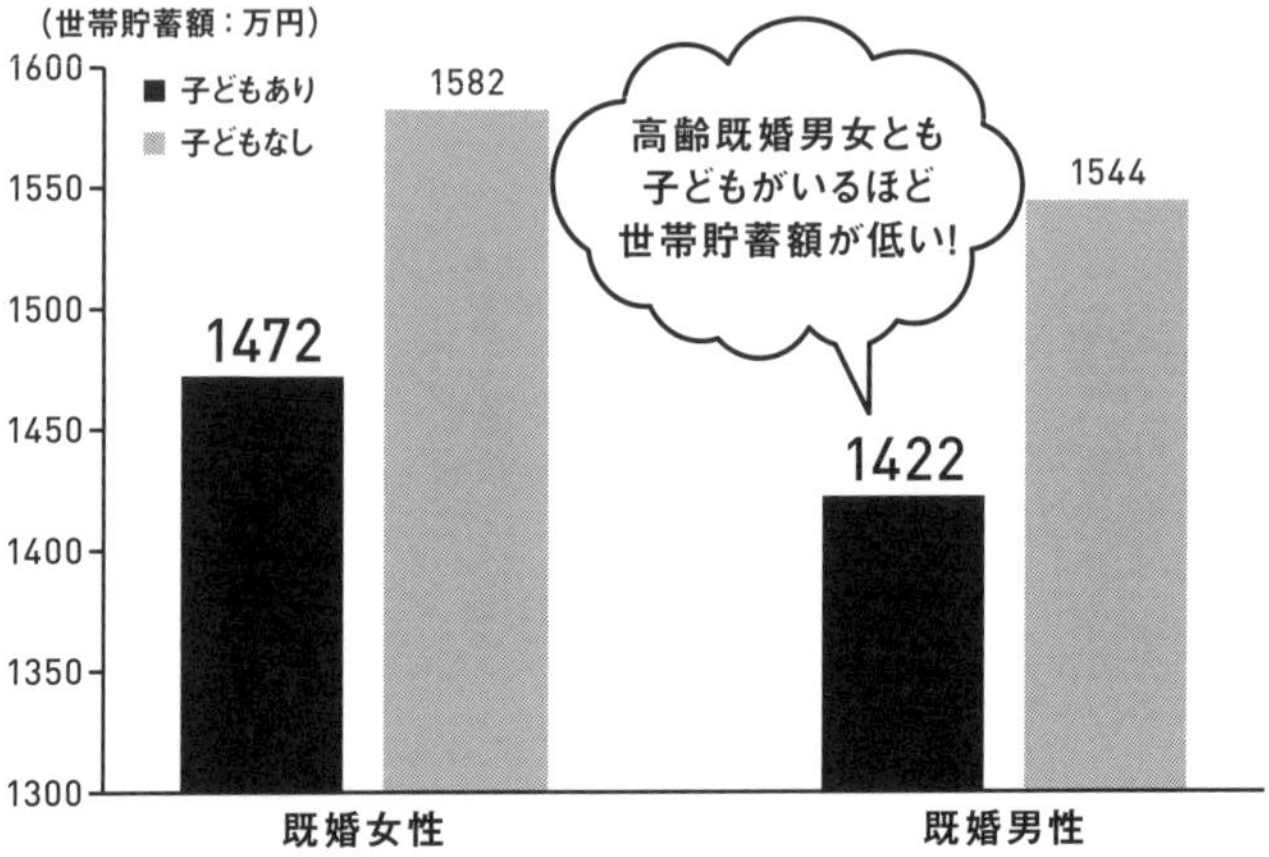

出典：佐藤一磨（2021）「高齢期における子どもの存在は幸せをもたらすのか」PDRC Discussion Paper Series,DP2021-008のp22、図B1を転載。分析対象は60歳以上の既婚男女である。図中の値は世帯貯蓄額の平均値を示す。

図8 子どもの有無と世帯借入額の関係

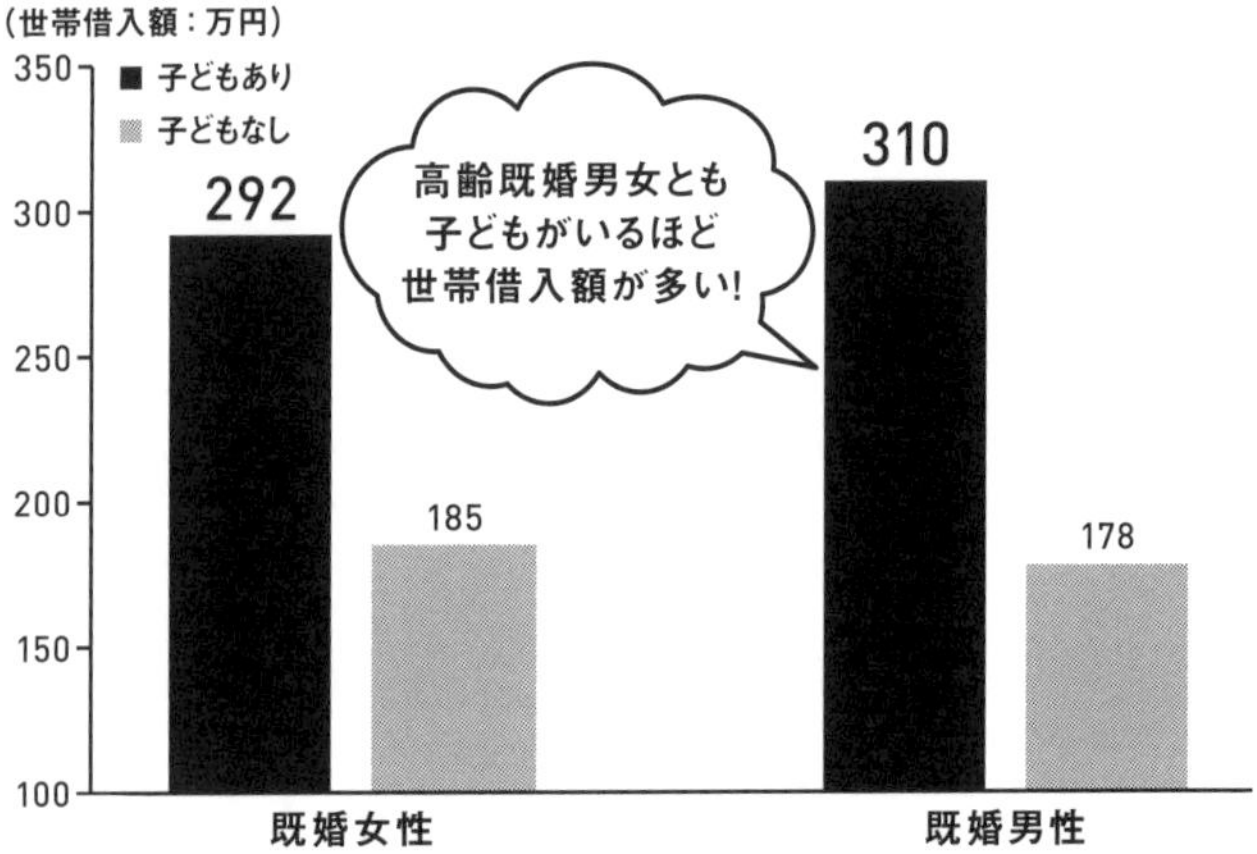

出典：佐藤一磨（2021）「高齢期における子どもの存在は幸せをもたらすのか」PDRC Discussion Paper Series, DP2021-003のp22、図B2を転載。分析対象は60歳以上の既婚男女である。図中の値は世帯借入額の平均値を示す。

度を低下させる原因の一つになったと考えられます。子育て期のみならず、子育てが終わったあとでも子どもの存在が満足度を低下させるという結果は、ショッキングです。このような現状があるからこそ、新しい子どもの数が増えず、少子化傾向が続くのではないでしょうか。

孫の世話が「母方の祖母」の幸福度を下げる

さて、これまでは子どもと高齢の親の幸福度の関係を見てきましたが、高齢の親（＝シニア世代）との関連で近年注目を集めるトピックがあります。

それは、**「孫の存在がシニア世代の幸せに及ぼす影響」**です。

一般的に言って、シニア世代から見た孫はかわいいものです。おそらく、直接的な育児の責任がないのと同時に、精神的・経済的な余裕から子どものかわいさを愛《め》でることができるという背景があると考えられます。このため、自然な発想として、孫がいるほど幸福度が高くなりそうです。

しかし、近年では**「孫疲れ」**という言葉も聞かれます。

背景にあるのは共働きの増加です。共働き世帯が専業主婦世帯を上回って久しく、「働く母親」が増えています。これらの世帯を支援するために、シニア世代が孫の面倒を見るケースが徐々に増えている可能性があります。これは「孫育て」と言われており、食事の用意やお泊まりの世話、遊び相手などで心身ともに疲れてしまい、孫がいるほど幸福度が低くなってしまうことも考えられるわけです。

はたして実態はどうなっているのでしょうか。人生100年時代において、孫と接する時間が増えていく中、孫の存在がシニア世代の幸福度にどのような影響を及ぼすのかという点は、気になるところです。

じつはこの点に関して、欧米でも興味・関心が集まっています。背景にあるのは高齢化の進展です。近年、先進国を中心に孫とのかかわりがシニア世代の幸福度に及ぼす影響が分析されており、興味深い結果が得られています。

まず日本の結果から見ていきましょう。

日本において孫の存在が祖父・祖母の幸福度に及ぼす影響を分析したのは、西南学院大学の山村英司教授らの研究です。[*7] この研究では1~5の5段階で幸福度を測定しています。

彼らの分析の結果、孫の母親が自分の娘である場合、孫の存在が祖母の幸福度を低下させることがわかりました。その影響の大きさを自分の息子の孫の場合と比較すると、娘の孫の場合、祖母の幸福度が13・3%低かったのです。

祖母の場合、孫の母親が自分の娘なのか、それとも義理の娘なのかによって影響が異なっているわけですが、祖父の場合は違った結果となっていました。祖父の場合、孫の母親が自分の娘かどうかという点は関係しておらず、影響も小さいものでした。

以上の分析結果から明らかなとおり、日本では**孫の影響が母方の祖母に集中し、彼女たちの幸福度を低下させていました**。この結果は非常に興味深いものですが、なぜこのような結果になったのでしょうか。

背景にあるのは、性別役割分業意識と祖母と孫の母親の血縁関係です。日本では性別役割分業意識が強いため、孫の世話をする上で祖父よりも祖母が主体になると考えられます。子どもが小さいときはこの傾向がとくに強いでしょう。

ここで母親の視点から孫の育児サポートをお願いする場合、夫の母親よりも自分の母親のほうが頼みやすいため、自分の母親にいろいろとお願いすることが多くなるでしょう。実際の研究でも、母方の祖母が孫の子育て支援を最も行なうことが指摘されています。[*8] この中で体力的、または金銭的な負担が大きくなり、祖母の幸福度が低下するというわけです。

性別役割分業意識と血縁関係から、孫の負担が母方の祖母に集中するという結果は、日本の社会状況に根差したものであり、納得できます。

それでは社会状況が異なる海外ではどのような結果となっているのでしょうか。

欧州でも「孫育て」でメンタルヘルスが悪化

ヨーロッパにおける孫育ての影響に関して、イタリアのパドバ大学のジョルジオ・ブルネッロ教授らが分析しています。[*9] 彼らの分析の結果、ヨーロッパでは孫の子育て時間が長くなるほど、祖父や祖母のメンタルヘルスが悪化することがわかりました。

興味深いのは、その男女差です。孫の育児時間が月に10時間増加した場合、祖母のメンタルヘルスが大きく悪化する確率が3・2～3・3パーセントポイント上昇し、祖父では5・4～6・1パーセントポイント上昇していました。

この結果が示すように、ヨーロッパでは孫育てのマイナスの影響が祖父のほうでより大きくなっています。この結果は日本と異なっているわけですが、背景には何があるのでしょうか。

この点に関してブルネッロ教授らは、ヨーロッパのいくつかの地域では祖父よりも祖母が中心になって育児支援を行なう傾向があり、そもそも「孫育て」に対する抵抗が小さいが、祖父は慣れない中で育児支援を行なうため、マイナスの影響が大きいのではないか、と指摘しています。

ヨーロッパでは「孫育て」のマイナスの影響が見られますが、アメリカやイギリス、中国では逆にプラスの影響が確認されました。

アメリカの研究では、一人で過ごす時間と比較して孫と過ごす時間が増えるほど幸福度が高まるだけでなく、人生の意義を実感しやすいことがわかっています。*10

また、イギリスの研究では、孫がいる場合ほど生活全般の満足度が高まると指摘されています。*11

さらに、中国の研究では、孫の面倒を見ている場合ほど、抑うつ症状が改善するだけでなく、生活全般の満足度が向上することがわかっています。驚くべきことに、孫と過ごす時間や面倒を見る孫の数が増えるほど、プラスの影響が高まる傾向にありました。[*12] 孫の存在は、日本よりも血縁を重視する中国社会では、プラスの影響度が大きいと言えるでしょう。

以上の分析例からもわかるとおり、国によって孫とのかかわり合いがもたらす影響に違いがあります。この背景には、各国の性別役割分業意識や女性の社会進出状況に加え、社会の中で子どもという存在がどのように捉えられているのか、という点が影響していると考えられます。

日本ではこれまで女性の社会進出を促進し、結婚、出産後も働き続ける女性が増えるように制度改革を行なってきました。この流れの中で、女性が抱えていた育児負担を保育園などの社会制度や家族へと少しずつ移動させてきました。この結果として、以前よりも祖母を中心に「孫育て」に費やされる時間が増えていると考えられます。

ただ残念なことに、孫育ては祖母、とくに母方の祖母の幸福度を低下させています。これまで見てきたように、日本の女性は子育てでも幸福度が低下する傾向があるため、若いときは子育てで幸福度が低下し、年老いてからは孫育てで幸福度が低下していると考えられます。

日本の女性は、その生涯にわたって、子どもを育てる負担が大きすぎるのかもしれません。

子持ち女性の幸福度は上昇していない

これまで紹介した研究結果から明らかなとおり、子育て期や子育てが終わったあとでも、子どもの存在は親の幸福度を低下させています。ここで次に気になってくるのが、子どもを持つことによる幸福度の低下幅は時代によって変わらないのか、という点です。

こう疑問に思うのには理由があります。それは、これまで日本では少子化対策のためにさまざまな政策が実施されてきているからです。たとえば、育児・介護休業法の創設、待機児童解消のための保育所の増設、少子化社会対策基本法、次世代育成支援対策推進法、子ども・子育て支援法の施行とさまざまな政策が行なわれてきました。これらの政策は、育児や就業環境を改善させたと考えられます。

もしそうであるならば、子どもを持つ女性の幸福度も徐々に改善してきた可能性があるのではないでしょうか。現時点でも、子どものいない女性よりも、子持ち女性のほうが幸福度が低くなっていますが、その低下の度合いがさまざまな政策の実施によって、縮小してもおかしくありません。

はたして実態はどうなっているのでしょうか。ここからは2000〜2018年までの子持ち既婚女性の幸福度の推移について検証していきたいと思います。子持ち女性の幸福度は、2000年代以降、改善してきているのでしょうか、それとも予想に反して悪化しているのでしょうか。

以下では2000〜2018年までの20〜89歳の既婚女性約8300人を対象とした分析結果を紹介したいと思います。なお、ここでは1〜5の5段階で計測した幸福度を使用していきます。

150ページの図9は、2000〜2018年までの子持ち既婚女性と子どものいない既婚女性の幸福度の平均値を見ています。なお、図ではトレンドをわかりやすくするために、近似曲線を追加しています。

図9から、次の二つのポイントが読み取れます。

一つ目は、2003年と2017年以外で子どものいない既婚女性の幸福度のほうが高くなっているという点です。二つ目は、近似曲線の推移から、子持ち既婚女性と子どものいない既婚女性の幸福度の差が緩やかに拡大しているように見える、という点です。

二つ目の結果は非常に気になります。この点をより正確に検証するために、年齢や学歴、健康状態、世帯年収、就業の有無といった要因の影響をすべて統計的手法でコントロールし、再度分析してみました。

その結果、①子持ち既婚女性の幸福度は経年的に上昇していない、②子持ち既婚女性と子どものいない既婚女性の幸福度の差は変化していない、ということがわかりました。

端的に言えば、**「子持ち既婚女性の幸福度に改善傾向は見られず、子どものいない既婚女性よりも幸福度が低いという状況は変わっていない」**ということです。

次に子育て期にあたる50歳以下の既婚女性に分析対象を絞った場合、やや異なった結果となりました。

子持ち既婚女性の幸福度が経年的に上昇していないという点は変わらないのですが、子どものいない既婚女性の幸福度が上昇傾向にありました。この結果、**子持ち既婚女性と子どものいない既婚女性の幸福度の差が緩やかに拡大した**のです。

なぜ子どものいない既婚女性の幸福度は上昇したのでしょうか。この背景には、「結婚

図9 子どもの有無別の既婚女性の幸福度の平均値の推移

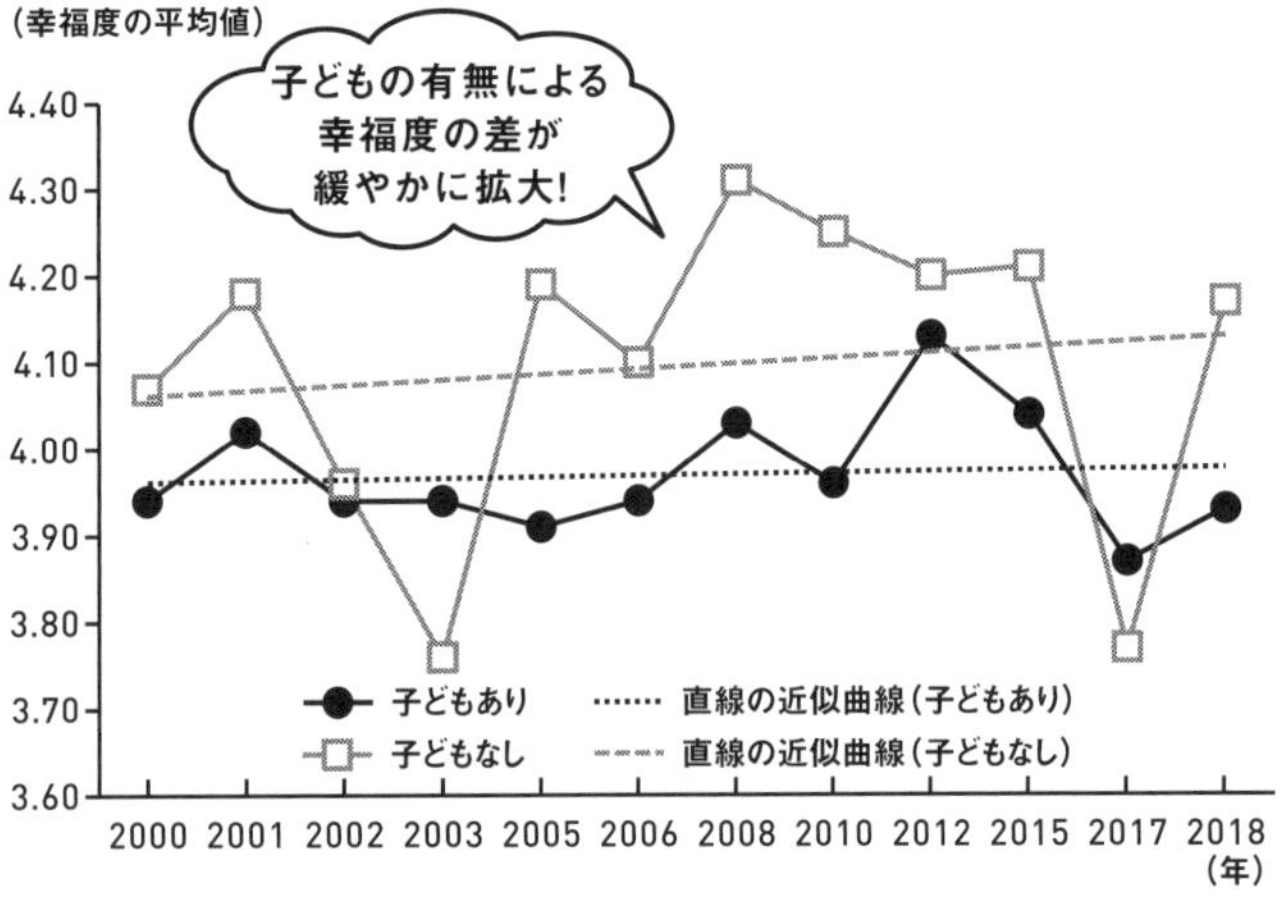

出典:佐藤一磨(2023)「子どもの有無による幸福度の差は2000〜2018年に拡大したのか」PDRC Discussion Paper Series , DP2022-006.

したら子どもを持つべき」という社会的なプレッシャーの低下が影響していると考えられます。

国立社会保障・人口問題研究所の『出生動向基本調査』によれば、「結婚したら子どもを持つべきか」という問いに対して「どちらかといえば反対」「まったく反対」と回答する割合が2002年で22・4％だったのですが、2015年には28・9％へと上昇しています。また、この間、妻が45～49歳の夫婦で、子どものいない割合が4・2％（2002年）から9・9％（2015年）へと増えています。

子どものいない夫婦が着実に増えており、以前よりも受け入れられやすいライフスタイルになっています。これが子どものいない既婚女性の幸福度の上昇に寄与したと考えられます。

米国では子持ち女性の幸福度が上昇

日本では子持ち既婚女性と子どものいない既婚女性の幸福度の差が変化していないか、もしくは拡大傾向にありますが、アメリカでは逆に縮小傾向にあることがわかっています。

日本とはちょうど真逆です。

この点はアリゾナ州立大学のクリス・ハーブスト准教授らが分析を行なっています。[*13] 彼らの分析によれば、アメリカでは子持ち女性の幸福度が経年的に変化していないものの、子どものいない女性の幸福度が低下傾向にありました。この結果、子持ち女性と子どものいない女性の幸福度の差が縮小したのです。

ここで気になるのは、なぜ子どものいない女性の幸福度が経年的に低下したのか、という点です。

この点に関して、ハーブスト准教授らは、子どもを持つことがコミュニティとのつながりや政治への関心、友人との交友関係を維持し、幸福度の向上につながる可能性があると指摘しています。子どもがいない場合、社会や人とのつながりが狭くなり、これが幸福度低下の原因となるわけです。

アメリカでは子どもの存在が他者とのつながりを広げる機能も果たしていると考えられます。日本でも子どもの存在が交友関係を広げるきっかけになると考えられますが、それが親の幸せにつながるかどうかは、明確にはわかっていません。いずれにしても、子どもが社会や家庭で果たす役割が日米では異なっている可能性があります。

以上、これまでの話を整理すると、日本ではこれまでさまざまな少子化対策が実施されており、育児・就業環境は以前より改善してきていますが、子どもを持つ女性の幸福度が低下するという傾向は変わっていません。この背景には、少子化対策がまだ不十分である可能性があると言えるでしょう。

まとめ

本章では「子どもと幸せ」に関するさまざまな研究を紹介しました。内容の要点をまとめると以下のとおりです。

①日本では、子どものいる女性のほうが生活満足度が低くなる。また、子どもの数が増えるほど、女性の生活満足度が低下する。さらに、女性の満足度は、子どもの年齢とともに低下し、子どもが思春期にさしかかると最も低くなる。

②子どものいる女性ほど生活満足度が低くなるのは、金銭的負担、夫婦関係の悪化、重い家事・育児負担が影響していると考えられる。

③日本では第1子出産直後に夫婦関係が急速に悪化する傾向があり、これが第2子出産の阻害要因となっている。

④男女とも、子どものいる高齢既婚者のほうが生活満足度が低い。この背景には、子どもを養育することの長期にわたる金銭的負担と、未婚の子との同居の増加が影響していると考えられる。

⑤日本では孫の世話が「母方の祖母」の幸福度を低下させる。この背景には、性別役割分業意識と祖母と孫の母親の血縁関係が影響すると考えられる。これに対して、祖父の場合、孫の世話の影響は小さいものだった。

⑥子持ち既婚女性の幸福度に改善傾向は見られず、子どものいない既婚女性よりも幸福度が低いという状況は変わっていない。

第 5 章

離婚したら不幸せになるのか

離婚と幸せの経済学

魔法がとけて

アメリカの映画を見ていると、離婚をテーマにした作品と出合うことがあります。中でも印象に残っているのが『ディボース・ショウ』（2003年）です。主演は、いぶし銀のイケメン俳優であるジョージ・クルーニー。離婚訴訟専門の弁護士という役どころです。相手役は、絵に描いたような美女のキャサリン・ゼタ＝ジョーンズで、お金持ちとの離婚で財産を奪い取ろうとする悪女を演じます。この二人が法廷の内外で争い、最終的には恋に落ちるというストーリーなのですが、全体的にカラッとしていて、見て疲れない映画です。

この映画のように、「離婚で相手の財産を狙う」といった話は、離婚を描く際の典型的なストーリーの一つだと言えます。

もう一つの離婚の典型的なストーリーと言えば、「離婚で不幸になる」といった話です。これまで愛していたパートナーと別れ、独身へと戻る。寂しさに打ちひしがれ、気分が落ち込む。離婚にはこのようなイメージがともなうことも多いでしょう。

しかし、本当に離婚によって不幸になっているのでしょうか。

もし結婚相手との関係がこじれたり、結婚相手がなんらかの問題を起こしていた場合、離婚によってむしろ、気持ちが清々することもあると考えられます。たとえば、相手のモラハラによって苦しめられていた場合、離婚が解決策となり、離婚後に幸福度が上がることも考えられるわけです。

結婚生活は必ずしも薔薇色ではなく、苦しく、つらいこともあるでしょう。その苦しみからの解放は、幸せにつながっていると考えてもおかしくありません。このように考えていくと、「離婚＝不幸」といった図式が必ずしも当てはまっていない可能性が出てきます。

はたして、本当に離婚によって人々は不幸になっているのでしょうか。もし不幸になっているのであれば、その効果は短いのでしょうか、それとも長いのでしょうか。

本章では離婚と幸せの関係を検討したいと思います。

離婚のショックが大きいのは男性

離婚と幸せの関係については、ヨーロッパを中心に数多くの研究蓄積があります。中でも代表的な研究に、フランスのパリ経済学校のアンドリュー・クラーク教授らの分析があります。[*1] この研究では１９９１～２００６年までのイギリスの大規模調査を用いており、16～60歳までの男性約４万７０００人、女性約5万５０００人を分析対象としています。なお、この分析では１～７の７段階で計測された生活満足度を幸せの指標として使っています。

クラーク教授らの論文では、離婚前後数年間の生活満足度の変化を検証しています。この分析によって、興味深い結果が明らかになりました。

まず、女性の推移を見ると、離婚前の数年間にわたって生活満足度が低下するものの、離婚後に緩やかに回復していきます。なんと離婚2年後以降になると、離婚の負の影響は消え、離婚前よりも生活満足度が高くなっていたのです。

女性の場合、離婚の影響は、時間とともに急速に癒やされていくと言えるでしょう。

これに対して男性の推移を見ると、女性とは異なった結果となっていました。

一言で言えば、**離婚の影響は、男性においてより深刻**です。離婚3年前から離婚する年にかけて生活満足度が低下し、明確に回復傾向が見られたのは、離婚から5年経ったあとでした。

男性の場合、女性と違って、離婚からの回復が遅いという特徴があります。

以上のイギリスの結果から、離婚によって女性は確かに不幸になるものの、その影響は一時的だと言えます。反対に、男性は離婚によって影響を受ける期間がやや長引きそうです。

離婚によって女性よりも男性のほうが大きな影響を受けるといった構図は、近年増加する熟年離婚でも同様に見られます。ここでは日本の例を見ていきたいと思います。

まず、日本全体の離婚の動向ですが、じつは2002年以降、離婚件数は減り続けています。2002年で約29万件あった離婚は、2019年には約21万件となり、28％も減少しているのです（厚生労働省『人口動態統計』）。日本では結婚する人、出産する人が減少していますが、離婚する人も同じく減少しています。

これに対して、熟年離婚は増え続けています。なお、熟年離婚とは、同居していた期間が20年以上で離婚に至ったケースと定義しています。

1980年だと熟年離婚に該当する件数は約1・1万件であり、離婚全体に占める比率も7・7％程度でした。これが2019年になると約4万件へと増加し、離婚全体に占める比率も19・4％にまで上昇したのです（厚生労働省『人口動態統計』）。

ちなみにアメリカでも熟年離婚が増えています。

アメリカのボーリンググリーン州立大学のスーザン・ブラウン教授らの研究によれば、1990年から2000年において、熟年離婚は倍増するだけでなく、2010年に離婚した4人に1人が熟年離婚に該当するとわかっています。[*2] アメリカでも熟年離婚はすでに無視できない規模になっていると言えるでしょう。

さて、日本の熟年離婚ですが、これは長い期間を経て出した結論です。いわば、**「積年の恨み」**の結果だと言えるでしょう。この熟年離婚の影響を検証したのが図1です。

この分析では、2005年から2012年までの日本の50~66歳の中高齢男女約12万人を調査したデータを使用しています。[*3] 使用したデータの都合上、幸福度ではなく、K6というメンタルヘルスの指標を使っています。K6は、うつ病や不安障害などの精神疾患の可能性のある人を見つけるための調査手法で、わずか6項目の質問で構成されており、回答結果の合計点でメンタルヘルスの状況を測定します。

この図表の見方はシンプルです。値が0よりも小さければメンタルヘルスが悪化し、逆に値が0よりも大きければメンタルヘルスが改善していることを意味します。

図1の結果を見ると、男女間で傾向が大きく異なっていました。

図1 熟年離婚後のメンタルヘルスの変化

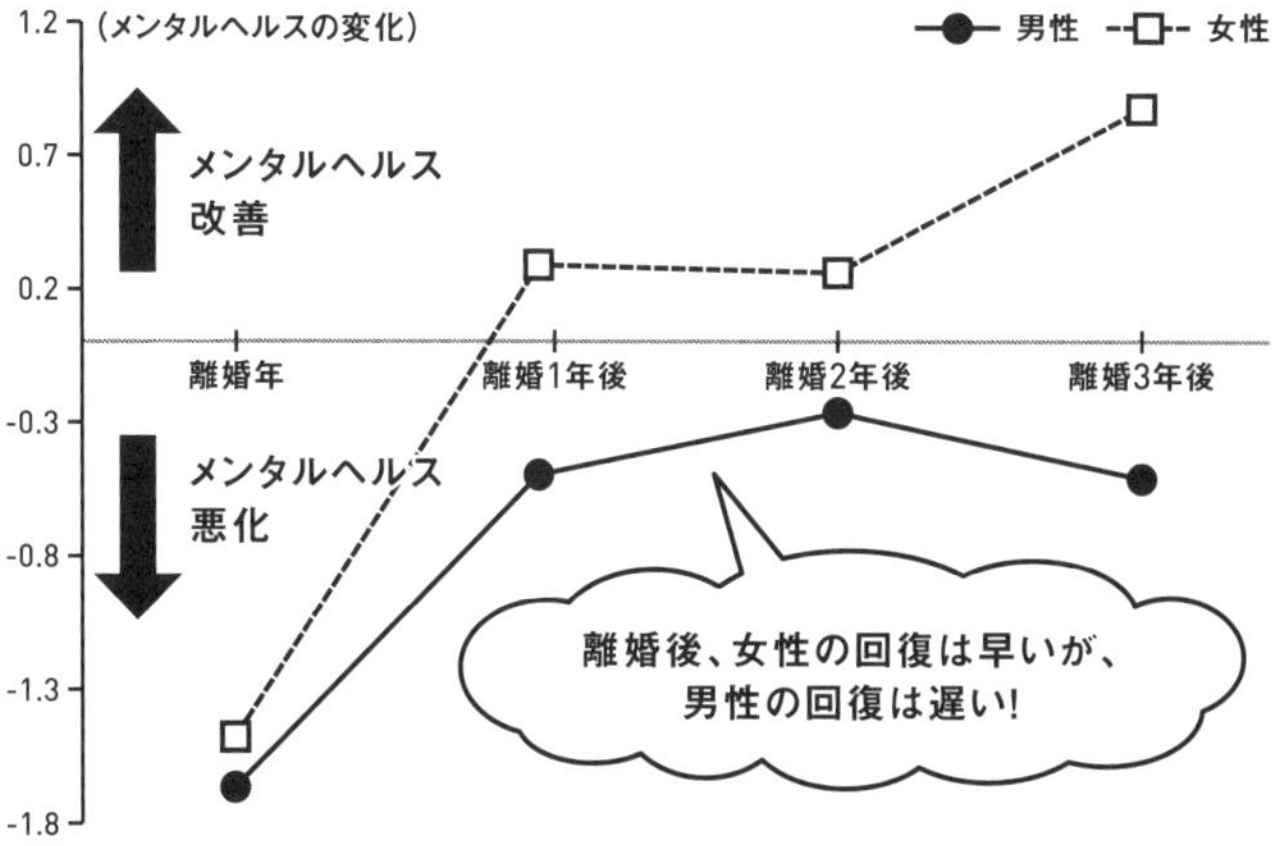

出典：Sato, K (2017) The Rising Gray Divorce in Japan: Who will Experience the Middle-aged Divorce? Does the Middle-aged Divorce Have Negative Effect on the Mental Health? presented at International Population Conference 2017, November 3, 2017の図表を転載。分析には2005-12年の『中高年縦断調査』を使用している。図中では離婚1年前のメンタルヘルスの値から離婚後の各時点のメンタルヘルスの値の変化を示している。

やはり離婚の影響は、女性よりも男性において深刻です。男性の場合、離婚後3年間にわたってメンタルヘルスが悪化したままです。年老いてからの離婚は、男性にとってつらいものになると言えるでしょう。

これに対して女性の場合、離婚1年後からメンタルヘルスは改善していきます。離婚という決断で女性の気持ちは軽くなり、精神的な健康度が向上しているのです。

ちなみに図1の結果は、離婚直前の夫婦の学歴、就業状態、子どもの数、貯蓄・借入額などの影響を統計的にコントロールしても変わりませんでした。

熟年離婚の男女間格差

このように熟年離婚の影響は、女性よりも男性において大きいわけですが、じつはこの影響はメンタルヘルスだけでなく、そのほかの社会活動でも同様に見られます。

左ページの図2および図3は、熟年離婚前後の趣味・教養活動（囲碁、料理、旅行など）や地域行事（町内会の催しなど）への参加割合を示しているのですが、男性では離婚を経験した3年後でも、趣味・教養活動や地域行事への参加の割合が離婚前の水準に戻っていま

図2 離婚前後における趣味・教養活動（囲碁、料理、旅行など）の実施割合の推移

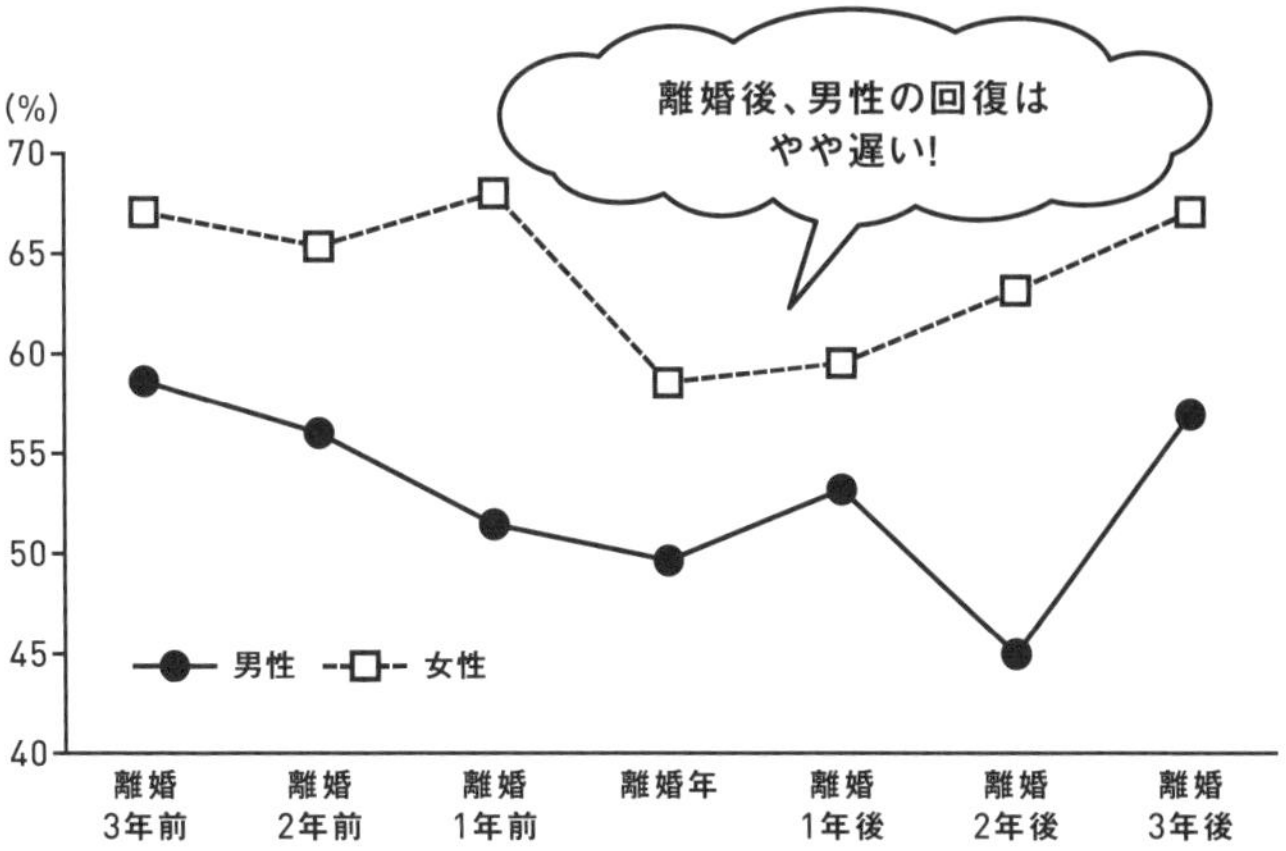

出典：Sato, K(2017) The Rising Gray Divorce in Japan: Who will Experience the Middle-aged Divorce? Does the Middle-aged Divorce Have Negative Effect on the Mental Health? presented at International Population Conference 2017, November 3, 2017の図表を転載。

図3 離婚前後における地域行事（町内会の催しなど）実施割合の推移

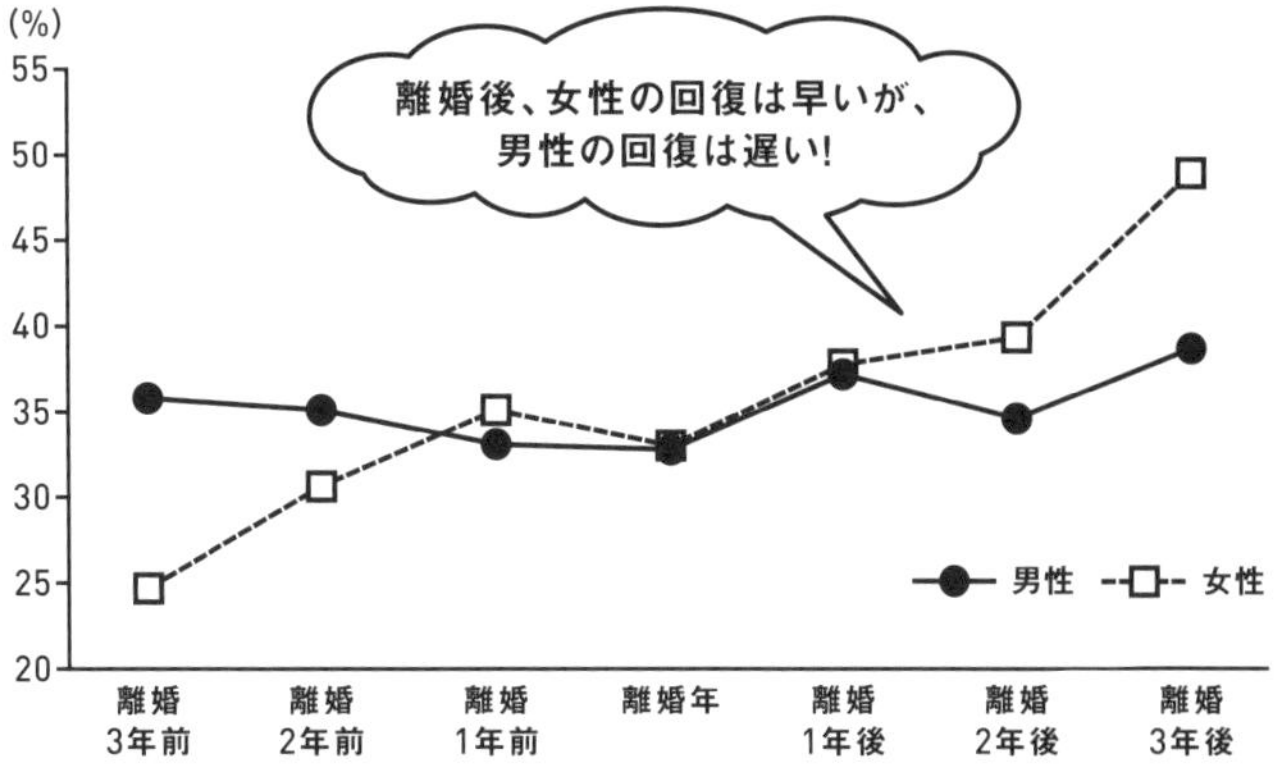

出典：Sato, K(2017) The Rising Gray Divorce in Japan: Who will Experience the Middle-aged Divorce? Does the Middle-aged Divorce Have Negative Effect on the Mental Health? presented at International Population Conference 2017, November 3, 2017の図表を転載。

せんでした。

　また、図4にあるとおり、男性では離婚後にスポーツ・健康活動（ウォーキング・球技など）への参加割合が低下する傾向にあります。

離婚後、男性は孤立を深め、健康への配慮も行き届きにくくなるという実態がありそうです。

　これに対して、女性の場合ですが、図2および図3の趣味・教養活動や地域行事への参加についても、離婚3年後になると離婚前の水準近くまで改善していきます。また、図4にあるとおり、離婚2年後以降になると離婚前よりもスポーツ・健康活動に参加する傾向が見られました。

　女性の場合、離婚直後から前を向き、社会とのかかわり合いや健康維持の活動を活発化させると言えるでしょう。

　男性は熟年離婚を機に孤独を深める半面、女性は趣味やスポーツを通じてソーシャルネットワークを広げ、人とのつながりを保持・拡大する傾向が見られます。この熟年離婚の男女間格差は、注目に値します。

図4 離婚前後におけるスポーツ・健康活動（ウォーキング・球技など）の実施割合の推移

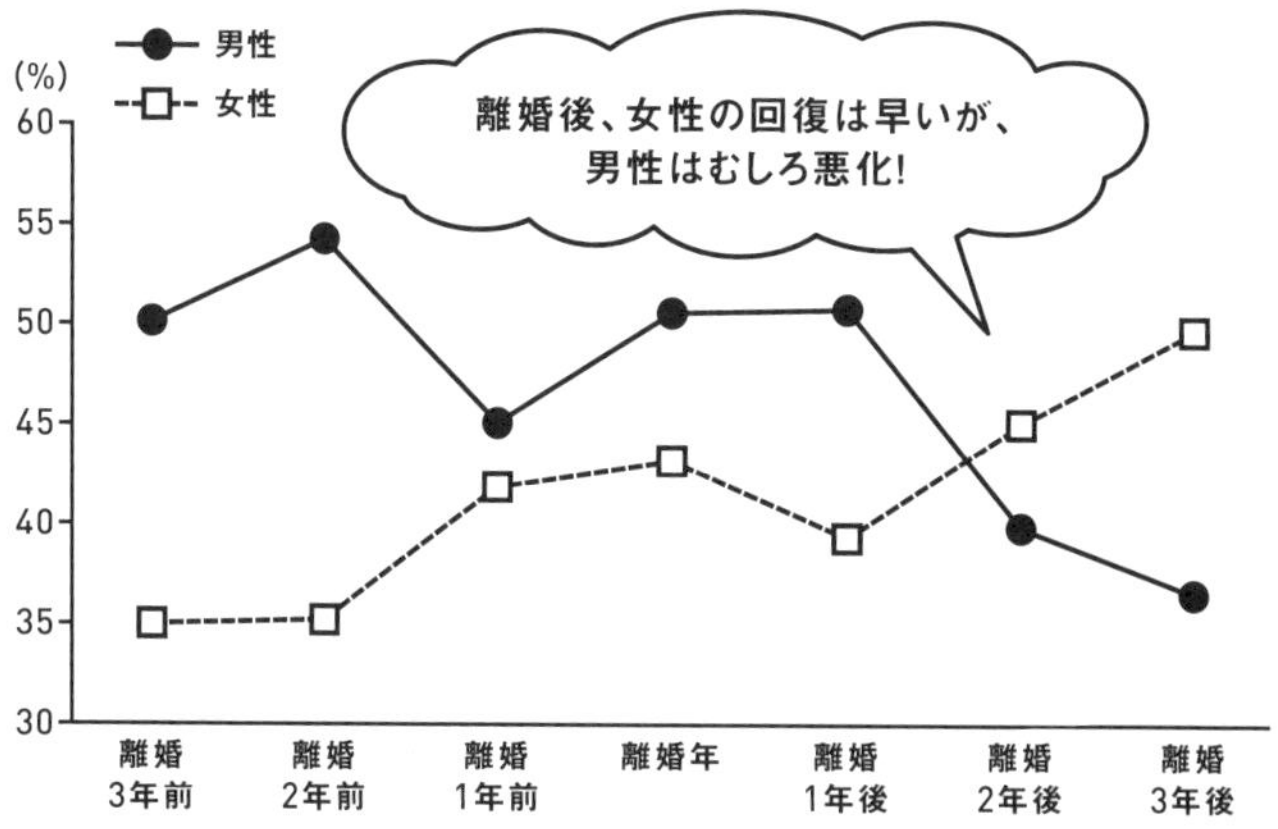

出典：Sato, K(2017) The Rising Gray Divorce in Japan: Who will Experience the Middle-aged Divorce? Does the Middle-aged Divorce Have Negative Effect on the Mental Health? presented at International Population Conference 2017, November 3, 2017の図表を転載。

男性が離婚を引きずるワケ

これまで見てきたとおり、離婚の影響は男性で大きい傾向があります。これはなぜなのでしょうか。

これには二つの理由が考えられます。一つ目は、離婚を言い出すのは主に妻であり、夫は急なことでショックを受けやすいためです。最高裁判所の『司法統計年報』によれば、2019年の離婚の申し立ては、妻からが約73%でした。この傾向は近年大きく変わっていません。

妻のほうとしては、ある程度将来のことも見越した上で離婚を切り出すでしょう。実際に離婚するとなると、さまざまな手続きや事後処理で疲弊し、幸福度が一時的に低下するかもしれません。しかし、離婚することを自分で考えているぶん、その後の回復も早いと予想されます。

近年、インターネットで離婚に関するさまざまな情報が手に入ります。離婚に関する手続きや準備すべきもの、体験談などのさまざまな情報に触れることで、離婚やその後の生活もイメージしやすくなっています。これが離婚の負の影響を緩和するのに一役買っているのでしょう。

これに対して、男性の場合、離婚を言いわたされる側であり、そのショックは大きいと予想されます。何の準備もなく離婚を言いわたされると、さすがに大の大人でも目の前が真っ暗になるのではないでしょうか。

離婚の影響が男性で深刻となる二つ目の理由は、生活に関するさまざまなサポートが得られなくなるためです。これまでも指摘してきましたが、日本では依然として性別役割分業意識が強く、妻が食事や洗濯といった多くの家事を担っています。離婚後はこれらの家事を男性が自分でやらなければなりません。急にこのような状況に対応することは難しく、生活習慣が乱れることが予想されます。これが心身の健康を損ない、離婚のマイナスの影響を大きくするわけです。

夫は妻より幸せになれない

日本の例からも明らかなとおり、離婚は女性のほうから言いわたす場合が多く、結婚生活に不満を持つ女性の「出口戦略」として離婚が活用されていると言えます。じつは、これを別なかたちで裏付ける研究がオーストラリアのディーキン大学のカヒット・グヴェン講師らによってなされています。[*4]

論文の題名はズバリ、**「あなたは妻よりも幸せになれない」**です。ここでの「あなた」とは、夫のことを指しています。

彼らの分析によれば、夫婦間で幸福度に格差が存在すると、離婚確率が高くなることがわかっています。つまり、夫婦間の一方のみが幸せとなる歪《ゆが》んだ結婚生活は、長続きしないというわけです。

この結果は、イギリス、ドイツ、オーストラリアの3カ国の大規模データを用いても実証されており、高い説得力を持っています。

この論文の最も重要なポイントは、夫婦の「どちらか一方のみ」の幸福度が低いと離婚につながることを明らかにした点です。

その一方とは、**「妻」**です。妻の幸福度が夫よりも低い場合のみ、離婚確率が上昇するのです。妻よりも夫の幸福度が小さくても、離婚確率は上昇しませんでした。この結果から、妻の結婚に対する不満が離婚のカギになると言えるでしょう。

やはり、離婚の主導権は、妻にありそうです。

夫婦間の幸福度格差、とくに妻の幸福度が低い場合にのみ離婚につながるという結果は、非常に興味深いものです。妻の幸福度が離婚のカギとなる背景には、「離婚を切り出すのは主に妻」という現状が影響しています。グヴェン講師らは論文の中で、オーストラリアやドイツでも主に女性のほうから離婚を切り出すことが多いと指摘しています。状況は日本と同じようです。

グヴェン講師らの研究から、夫と比較して妻が幸せではない結婚生活は、長続きしないと考えられます。

この結果はあくまでもイギリス、ドイツ、オーストラリアで得られたものであり、日本にも当てはまるかどうかという点が重要なポイントです。この点に関して、同じ先進国である日本でも離婚を切り出すのが主に女性であるという特徴を考慮すると、日本も近い状況にある可能性が高いと考えられます。

さて、もし日本でも同じような状況にある場合、「相対的に妻が幸せな家庭」ほど離婚しにくいことになります。

このような家庭の特徴を考えると、思いつくのは「妻が家庭の主導権を握り、尊重される夫婦関係」にある場合です。これは自分の意見や意思決定が尊重される関係だとストレスが少なく、喧嘩も減って、幸福度の向上につながると考えられるためです。*5

これは言い方を変えれば、**「妻が夫を尻に敷いている家庭」**だと離婚しにくいということになるのではないでしょうか。

「妻が夫を尻に敷いている家庭」では妻が主導権を握っているため、妻が心地よく過ごすことができるようになります。この結果、妻の幸福度が上昇し、離婚へのインセンティブも低下するというわけです。

「妻の尻に敷かれる夫」というのは一見するとポジティブなイメージを持たれない場合もありますが、夫婦間の幸福度格差のメカニズムを考えると、結婚生活を円滑に進めていく上で合理的な方法になっている可能性があります。

日本の家庭のうち、夫が妻の尻に敷かれている割合がどの程度なのかはわかりませんが、意外と少なくないような気がします（個人的な感想です）。そのような家庭における夫は合理的、もしくは動物的な直感で、結婚生活を長続きさせる方法を理解しているのかもしれません。

経済学から見た離婚の二つの理由

これまで離婚が発生することを前提に話を進めてきましたが、そもそもなぜ人は離婚するのでしょうか。

誰しも離婚するために結婚するとは考えづらいため、冷静に考えると不思議なものです。そこで、ここでは改めて離婚がなぜ発生するのかを、経済学の視点から整理しておきたいと思います。

カギとなるのは、**「予想外のショック」**と**「本当にベストな結婚相手を探すのは簡単ではない」**という二つの要因です。

まず、人は少なくとも「この人と結婚すれば幸せになれる」と考えて結婚するはずです。「この人と結婚したら不幸になる」と考えて結婚に踏み切ることは、あまりないでしょう。つまり、このまま独身を続けるよりも、結婚したほうが経済的・非経済的なメリットが大きく、幸せになれると計算しているはずです。

逆を言えば、離婚はこの関係が成立しなくなったときに発生すると言えます。つまり、このまま結婚生活を続けるよりも、独身に戻ったほうがメリットが大きく、幸せになれると判断した場合です。このような決断に至る背景には、次の二つの要因が影響しています。

一つ目は、**「結婚当初に予測しえなかったネガティブ・ショックの発生」**です。

夫婦関係が長く続いていく中で、結婚したときには想像できなかった、または想像とは違った出来事に遭遇することがあります。たとえば、パートナーの降格、左遷、失業、不倫などです。これらに遭遇した人たちは「こんなの聞いてない！」と憤るでしょう。これが結婚から得られるメリットを大きく減少させ、離婚の引き金となるわけです。

病めるときも健《すこ》やかなるときも結婚生活を続けていくと誓ったものの、**ネガティブ・ショックによって経済的・非経済的なメリットが低下すれば、離婚するほうが合理的となる**場合もあるでしょう。このように離婚は、予想外のショックが起き、このまま婚姻関係を継続してもいいものか再検討した結果なのです。

離婚が発生する二つ目の要因は、**「結婚相手を探す際にかかる金銭的、時間的な負担」**です。

これは結婚相手を探すためのサーチコスト（探索費用）と呼ばれています。通常、結婚相手の候補者は、会社の同僚や友だちからの紹介、学校の先輩・後輩など自分の生活の身近にいる人の中から選ぶことが多いでしょう。身近な人から結婚相手を選ぶのは自然なことです。

逆を言えば、自分がまったく行ったことがない国や地域から結婚相手を探すことは稀でしょう。また、結婚相手を探し出すサービスを最初からフル活用する人も少ないのではないでしょうか。これは単純に金銭的・時間的な負担が大きいためです。

ここで少し考えてみてほしいのですが、もし結婚相手を探すためのサーチコストが無視できるほど小さければ、最適な結婚相手を世界中から探すことができるようになります。この場合、今まで行ったことのない日本のどこかや、地球の反対側にいるベストな結婚相手を見つけ出すことが可能となるかもしれません。

しかし、これはあくまで仮定の話です。

現実世界では、何をするにも金銭的・時間的コストがともないます。日本国内を移動するにも、地球の反対側に行くのにもお金や時間がかかるわけです。つまり、現実世界では、本当はもっとマッチングのいい相手がいるものの、サーチコストが高すぎてめぐり会えないため、身近にいる人の中で最も納得できる相手と結婚している可能性があるわけです。

いわば、**「制約下における現実的な最適解が今の結婚」**なのかもしれません。

ということは、結婚後に何かの拍子に今の結婚相手よりもより望ましい相手と出会うことも考えられます。

合理的な意思決定をする個人であれば、ここで離婚してもおかしくないでしょう。この点から、ある一定の確率で離婚が発生するのは、ごく自然なことだと言えます。

離婚しやすいのはどんな人か?

さて、離婚が発生するメカニズムはわかったわけですが、実際にどのような人ほど離婚しやすいのでしょうか。

私が子どもの頃に見ていたテレビドラマから、「離婚＝お金持ちの家庭で起きる」という印象が少しあります。経済的には恵まれているけれど、夫婦関係は冷え切っていて、そこで離婚が発生するという構図です。

これに対して、同じくテレビドラマの中で「離婚＝貧しい家庭で起きる」というシーンもよく見かけます。ロクに働かず、酒びたりな夫に愛想をつかせて妻が出ていき、離婚するといった場面です。

はたして、どちらのほうが実態に近いのでしょうか。

結論から言えば、後者です。

離婚は、相対的に貧しい家庭で発生する傾向があります。具体的には、持ち家がなく、貯蓄が少なく、夫の所得が低いほど離婚しやすくなるのです。[*6] なかなか厳しい現実ですが、もちろんエビデンスがあります。

また、学歴についてですが、プリンストン大学のジェームズ・レイモ教授らの研究によれば、日本では大卒女性と比較して、高卒女性は1・6倍、中卒女性は2・8倍離婚しやすいことがわかっています。[*7]

中卒者の数は日本では限られているため、ある程度割り引いて考える必要がありますが、学歴によって離婚のしやすさに明確な違いがあると言えるでしょう。

また、夫の失業と離婚にも深い関連があります。夫の失業は世帯にとって大きなショックです。とくに日本の場合、夫が収入面の大黒柱であることが多いため、夫の失業による所得低下は免れず、家計のゆとりはすり減っていきます。これは家庭内でのストレスを増加させ、夫婦関係にも悪影響を及ぼすと考えられます。

この結果として、夫が失業した世帯ほど、その後の離婚確率が高まる傾向にあります。[*6]

左ページの図5はこの関係をシンプルに示したものです。

この図は有配偶者における離婚率と世帯主の失業率の関係を見たものです。二つの値の動きは非常に似ており、世帯主の失業率が高いと離婚率も高くなっています。この図からも離婚と失業に深い関連があることがわかります。

経済学でわかる「離婚しないタイプ」とは

これまでご紹介してきたとおり、離婚しやすい世帯にはある一定の傾向が見られるわけですが、近年の経済学ではさらに一歩踏み込み、私たち個人の人間的な特徴と離婚の関係についても分析しています。

その特徴とは、「リスク許容度」と「忍耐強さ」です。

「リスク許容度」とは、将来起こりうる変化をどの程度受け入れることができるのかを示しています。これは経済学で**危険回避度**と呼ばれており、投資行動の際によく出てきます。リスクに対する許容度が大きく、将来の変化を受け入れやすい人ほど、株などの変動資産に投資しやすくなります。これに対して、リスクに対する許容度が小さく、変化より

図5 世帯主の失業率と離婚率の関係

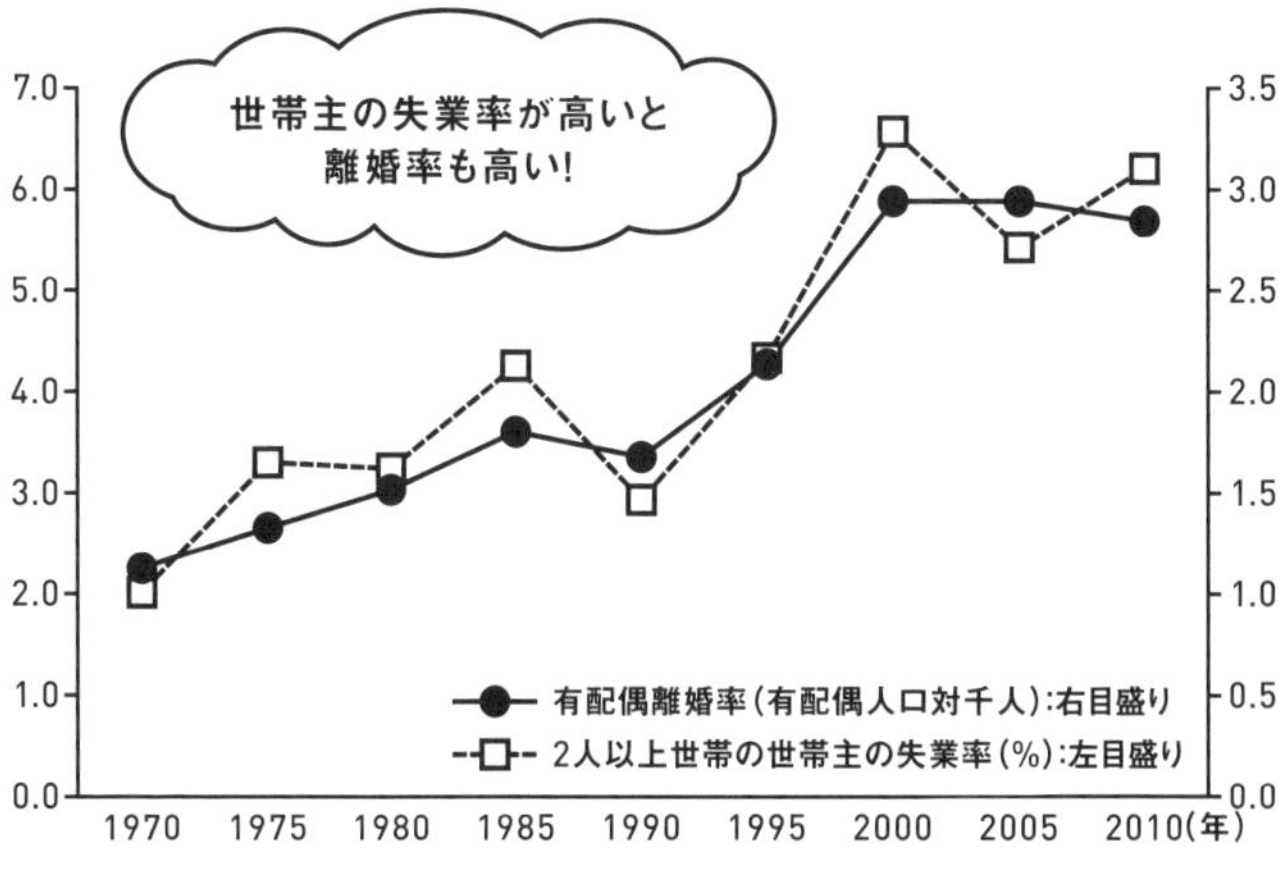

出典:2人以上の世帯の世帯主失業率:総務省統計局『労働力調査』、有配偶離婚率:厚生労働省『人口動態特殊報告』。なお、ここでの有配偶離婚率は、国勢調査による配偶関係の「有配偶」「未婚」「死別」「離別」のうち、「有配偶」の男女別人口を分母に用いて、離婚件数を除した率をいう。

も安定を好む場合、株式投資よりも貯金を選択しやすくなるわけです。

要は、変化を好むか、それとも安定を好むかといったことを示す指標です。

「忍耐強さ」とは、将来のために、今やりたいことをどの程度我慢できるのか示しています。

これは経済学で**時間割引率**と呼ばれており、消費と貯蓄行動を説明する際によく出てきます。我慢強い人ほど、今モノを買うのを我慢して貯金することができ、そのお金を将来使うことができます。これに対して、我慢強くない人ほど、今モノを買うのにお金を使ってしまい、将来のためにとっておくことができません。

要は、将来を見越して、今どの程度我慢できるのかといったことを示す指標です。

「リスク許容度」と「忍耐強さ」ですが、離婚とどのように関連するのでしょうか。

まず「リスク許容度」ですが、リスクに対する許容度が小さく、変化よりも安定を好む人ほど、離婚しにくいことがわかっています。[*8] 離婚後の生活の変化や新たなパートナーが見つかるかどうかを心配し、現状維持（＝今の結婚生活の維持）するというわけです。

次に「忍耐強さ」ですが、忍耐強く将来のために今我慢できる人ほど、離婚しづらいことがわかっています。[*9] 結婚生活の状況が悪くなったとしても、将来状況が変わって結婚生活がうまくいくようになるまで我慢するというわけです。

このように、**忍耐強く、変化よりも現状維持を望む人ほど、離婚しづらくなります。**

「忍耐強さ」は結婚相手のスペックにも影響

さて、「忍耐強い人ほど結婚生活が長続きする」といった結果ですが、これはある種当たり前のことです。実際にこの例はよく目にしますし、これだけならあまりおもしろ味もないでしょう。

じつは「忍耐強さ」は別なかたちでも離婚と関連してきます。ここからがおもしろいところです。

「忍耐強さ」は、結婚相手を選ぶ時点ですでに影響を及ぼし、離婚へとつながるタネをまきます。「忍耐強さ」は、早い段階から影響を及ぼしているというわけです。

背景にあるロジックはこうです。

まず、各個人の「忍耐強さ」は、結婚相手を探す期間と関連してきます。忍耐強い人ほど、結婚相手をじっくり吟味して選びます。このため、結婚相手を探す期間が長くなりがちです。

反対に、忍耐強くない人ほど、結婚相手探しを十分に行なわず、早めに切り上げてしまうでしょう。結婚相手探しを早めに終わらせるには、相手に求める条件を緩めるしかありません。もし相手に求める条件を高く設定したままでは、そもそも候補となる人の数も少なく、結婚に至らないかもしれないからです。

このため、忍耐強くない人ほど、結婚相手に求める条件を低めに設定し、候補者の数を増やし、その中から相手を選んで結婚するという方法をとります。この結果、忍耐強くない人は、マッチングのいい相手と必ずしも結婚できていない可能性があります。これが結婚によるメリットを低下させ、その後の離婚につながっていくわけです。

「忍耐強さ」の興味深い点は、ここで終わりません。

関西学院大学の池田新介教授はその著書の中で、「忍耐強さ」が肥満、借金の有無、喫煙、飲酒、ギャンブルの習慣と関連があることを指摘しています。*10

忍耐強くない人ほど、肥満度が高く、借金がある比率が高くなります。また、忍耐強くない人ほど、喫煙、飲酒、ギャンブルの習慣がある比率が高くなります。将来のために、今我慢できるかどうかが忍耐強さなのですが、忍耐強くない人ほど、あとで太ることよりも、今おいしいものを食べることを重視します。借金も同じく、あとでお金を返すことになっても、今欲しいものを買うことを重視するわけです。喫煙、飲酒、ギャンブルの背景にも同じロジックがあります。

そして、これらの要因は、結婚市場における自分のスペックと密接に関連があります。一般的に言って、肥満度が高く、借金がある人ほど、結婚市場における魅力が下がります。過度な喫煙、飲酒、ギャンブルの習慣も同じです。

つまり、**忍耐強くない人ほど、結婚市場における魅力が低くなる**と考えられるわけです。このため、いいマッチングの相手を結婚市場で見つけることが相対的に難しくなると予想されます。また、マッチングのよくない相手との結婚は、その後離婚を引き起こす原因の一つになると考えられます。

このように、「忍耐強さ」は、結婚市場における自分の魅力や結婚相手のスペックを通じて、離婚の発生に影響するわけです。

結婚相手は自分を映す鏡

これまでの話を整理すると、結局、**「結婚相手は自分を映す鏡」**だと言えるのかもしれません。

結婚相手は、「自分がどのようなスペックを持っているのか」、「自分がどの程度リスクを許容できるのか」、そして、「自分がどの程度忍耐強いのか」といった点を反映しているからです。

自分が高いスペックを持っている場合、結婚市場で価値ある相手として認識され、出会いも増えます。多くの出会いの中から、自分とマッチングのいい相手と結婚することも可能でしょう。逆に、自分のスペックが低ければ、結婚市場での出会いも少なく、マッチングのいい相手とめぐり会えないかもしれません。

リスクに対する許容度が大きければ、「今よりももっといい出会いがあるのではないか」と考え、結婚時期が遅れることも覚悟して相手を探し続けることが考えられます。逆に、リスクに対する許容度が小さければ、「次の相手が見つからなかったらどうしよう」と考え、早めに手を打って結婚することになるでしょう。

忍耐強い人であれば、相手に求める条件に妥協せず、条件のいい相手とめぐり会えるまで待つことになるでしょう。逆に、忍耐強くない人であれば、相手に求める条件を緩め、早めに結婚することになるでしょう。

これらの要因がすべて反映されたのが今の結婚相手というわけです。

まさに、自分を映す鏡と言えるのではないでしょうか。

まとめ

本章では「離婚と幸せ」に関するさまざまな研究を紹介しました。内容の要点をまとめると以下のとおりです。

①女性は、確かに離婚直後に幸福度が低下するものの、低下は一時的で、その後回復する傾向がある。離婚による影響は、相対的に男性で大きい。

②夫婦間の幸福度格差、とくに妻の幸福度が低い場合にのみ離婚につながる。このため、「妻の尻に敷かれる」という夫の行動は、夫婦関係を円満にする上で、

意外といい戦略だと言える。

③人々が離婚する背景には、「結婚当初に予測しえなかったネガティブ・ショックの発生」と「結婚相手を探す際にかかる金銭的、時間的な負担」が影響している。

④世帯の経済状況が相対的に貧しいほど、離婚しやすい傾向がある。また、リスクに対する許容度が高く、将来よりも今の利益を重視する忍耐強くない人ほど離婚しやすい。

⑤結婚相手は、「自分がどのようなスペックを持っているのか」、「自分がどの程度リスクを許容できるのか」、そして「自分がどの程度忍耐強いのか」といった点を反映しているため、自分を映す鏡だと言える。

第6章

「家族ガチャ」で人生は変わるのか

きょうだい構成と幸せの経済学

家族構成は人生に影響するのか？

われわれ人間はさまざまなものから影響を受けて成長します。この中でも大きな影響を及ぼす要因の一つとして、家族構成が挙げられます。

家族構成は子どもの成長に大きな影響を及ぼすと考えられ、経済学でもこれまでさまざまな分析が行なわれてきました。たとえば、シングルマザー世帯です。離婚を機にシングルマザーとなった世帯における子どもの学業や、成長後の学歴、所得水準といった点が検証されています。[*1] また、海外では同性婚カップルの子どもと、異性婚カップルの子どもに行動面で違いが生じるのか、という点も検証されています。[*2]

これら以外で近年注目を集めつつあるのが**「きょうだいの組み合わせ」**です。ここでの「きょうだいの組み合わせ」とは、子どもが2人以上いる場合において、同性のみなのか、それとも異性も含まれているのかという点を指しています。

子どもを持つ親にとって、何人の子どもを持つのかという点は、ある程度自分たちでコントロールできますが、生まれてくる子どもの性別まではコントロールできません。男の子が欲しいと思っても、女の子が生まれてくるということはよくありますし、男の子と女の子が欲しいと思っても、子ども二人とも同じ性別ということもよくあります。

このように子どもの性別はコントロールが難しく、たとえるなら、ある種ガチャガチャのように確率的に決定される部分があります。

このコントロールできない子どもの性別の組み合わせが子どものその後の人生（所得水準、職種、高等教育機関における専攻、結婚・子どもの有無や配偶者の特徴）に影響を及ぼすのかという点に興味が集まり、先進国を中心に分析が進められています。

読者の中には「えっ!? そんなこと関係あるの？」と思われた人もいるでしょうし、「もし関係があるのであれば、なぜ？ どんな背景があるの？」と疑問に思われた人もいるかと思います。

本章では、コントロールできない子どもの性別が子どものその後の人生に及ぼす影響について、最新の研究例を用いて説明していきたいと思います。

弟がいる長女vs妹がいる長女

研究が進んでいるのは、デンマークです。デンマークの研究で注目しているのは、第1

子が女の子（長女）である場合です。ここで第２子が男の子（弟）なのか、それとも女の子（妹）なのかによって、長女のその後の人生に変化が生じるのか、という点が検証されています。

長女・長男という組み合わせや長女・次女という組み合わせは日本でもよく見かけますが、この二つのパターンでどのような違いが生じるのでしょうか。

この点を分析したのがチューリッヒ大学のアン・アルディラ・ブレノエ助教です[*3]。この研究では１９８０～２０１６年のデンマーク政府の行政データを使用しており、なんと、デンマークの全国民を分析対象としています。といっても、デンマークは全人口約５８６万人の比較的小さな国であるため、最終的な分析対象となった長女のサンプルは、約10万人でした。

なお、日本に住んでいるとデンマークはあまりなじみのない国なのですが、ドイツの真上、スウェーデンの横に位置する国で、国土も小さく、日本の約９分の１の大きさです。ただ日本よりも男女間格差が小さく、男女間格差の大きさを指標化した世界経済フォーラムのジェンダーギャップ指数では23位（２０２３年）となっています。ちなみに、２０２３年の日本の順位は、１２５位でした。デンマークは日本よりもだいぶ男女格差が小さい国だと言えるでしょう。

さて、このデンマークのデータを用いた分析の結果、何がわかったのでしょうか。ブレノエ助教の分析によれば、弟がいる長女と妹がいる長女では学業、仕事、家族面で違いが見られることがわかったのです。

まず学業面については、弟がいる長女の場合ほど、STEM（科学・技術・工学・数学）の分野を専攻する割合が約7・4％低くなっていました。弟がいる長女ほど、理工系よりも、文系を学ぶ割合が高いと言えます。

続いて仕事面ですが、妹がいる長女と比較して、弟がいる長女の場合ほど、職場における男性比率が約1・2％低く、STEMの分野で働く割合が約7・3％低くなっていました。つまり、弟がいる長女ほど、成長後に働く職場の男性比率や、理工・数学系の分野で働く割合が低くなっていたのです。

また、長女にパートナーがいる場合、そのパートナーの働く職種における女性比率も、弟がいる長女の場合ほど約2％低くなっていました。弟がいる長女のパートナーほど、女性比率が低い職場、逆を言えば、男性比率のやや高い職場で働く傾向があったのです。

所得についても弟がいる長女の場合ほど、30代の年収が約2％低くなっています。このマイナスの影響は、第1子を出産したあとに拡大する傾向にありました。ちなみに、アメリカでも長女の年収を比較する研究があり、弟がいる長女ほど年収が7％ほど低くなっていました。

さらに、結婚・出産面について見ると、弟がいる長女と妹がいる長女で差は見られませんでしたが、弟がいる長女の場合ほど同棲割合が低くなる傾向がありました。

以上の結果を整理すると、妹がいる長女と比較して弟がいる長女ほど、職場の男性比率や、STEMの分野を専攻したり、働く割合が低くなっています。また、年収もやや低くなっていました。さらに、弟がいる長女のパートナーほど、男性比率のやや高い職場で働く傾向があったのです。

これらの結果が示すように、**弟がいる長女の場合、特徴を持った学業・職業選択を行ないやすい**と言えるでしょう。

このような効果の負の側面は、**「ブラザーペナルティ」**と呼ばれています。デンマークやアメリカにはブラザーペナルティが存在すると言えるでしょう。

なぜブラザーペナルティが生じるのか？

ブラザーペナルティが発生する背景には、次の二つの要因があります。

一つ目は、**「親の行動パターンの変化」**です。

「長女・弟」と「長女・妹」では親の子どもへの接し方に変化が生じると考えられます。この背景には、親は自分と同じ性別の子どものほうが一緒の時間を共有しやすいといった傾向があるためです。[*3]

たとえば、男の子の場合、ある程度の年齢になると野球やサッカーといったスポーツをやることが多くなりますが、このような活動は母親よりも父親とやることが多いでしょう。

また、女の子の場合、成長とともにオシャレやメイクに興味を持つようになりますが、このような活動は母親とやることが多いでしょう。

このように、「父親は男の子」と「母親は女の子」とともに過ごす時間が多くなるため、「長女・弟」の場合だと、より同性の親の影響を強く受けるようになります。子どもはこの中でさまざまな行動や考え方、社会的規範も学んでいきます。

この結果、「長女・妹」と比較して、「長女・弟」の場合ほど、より伝統的な性別役割分業意識を持つようになると考えられます。

つまり、「長女・弟」の場合ほど、「男性＝仕事、女性＝家事・育児」という考えを意識し、それに準じた行動をとりやすくなるわけです。

二つ目の理由は、**「身近に異性がいることによる子どもの行動パターンの変化」**です。

心理学の数多くの研究によれば、子どもは自分のきょうだいと差別化することを通じて個性を獲得する傾向があります。[*4] 中でも異性のきょうだいがいる場合、自分の性別に沿った行動や態度をとることで、個性を獲得する場合があります。[*5]

たとえば、弟がいる場合、長女の行動パターンが**「よりお姉ちゃんらしく、女の子らしいもの」**になるといったことが考えられます。妹がいる場合と違って、弟がいると自分の性別をより強く意識するというわけです。

このように長女の行動パターンは、妹がいる場合と弟がいる場合では異なってくると考えられます。

「長女・弟」の場合ほど、より自分の性別に合致した行動をとりやすくなり、これが伝統的な性別役割分業意識を持つことにつながると考えられます。

さて、これまでの内容を整理すると、「長女・弟」と「長女・妹」では長女の直面する状況が異なります。

「長女・弟」の場合ほど、母親と過ごす時間が増えるだけでなく、女の子らしく振る舞うことを意識するようになります。このため、「長女・弟」の場合ほど、伝統的な性別役割分業意識を持ちやすくなるわけです。

この結果として、弟がいる長女ほど、伝統的な性別役割分業意識に沿った学業・職業選択を行ないやすくなります。

具体的に言えば、学業面では理系よりも文系を選びやすく、職業面では男性よりも女性比率が高い職種を選びやすくなります。また、これらの職種は相対的に所得水準が低い場合が多いため、所得もやや低めになるというわけです。

弟がいる長女の年収は16％低い

デンマークやアメリカにはブラザーペナルティが存在すると言えるわけですが、日本ではどうなのでしょうか。ここでは私が日本のデータを用いた検証例を紹介したいと思います。

分析に使用したのは、慶應義塾大学の『慶應義塾家計パネル調査』です。このデータの2004〜2018年までの、20〜59歳の女性（長女）を分析対象としています。分析対象となった人数は、合計で約2000人です。

分析ではまず、弟がいる長女ほど、伝統的な性別役割分業意識を持っているのかを検証しました。図1は、妹がいる長女と弟がいる長女で、どちらがより伝統的な性別役割分業意識に賛成するのかを比較しています。ここでは「男性は外で働き、女性は家庭を守るべきである」に賛成しているかどうかで性別役割分業意識を計測しました。

図1では、弟がいる長女のほうが5％ほど「男性は外で働き、女性は家庭を守るべきである」に賛成する割合が高いことを示しています。5％というのは決して大きな差とは言えませんが、きょうだい構成は確かに長女の性別役割分業意識に影響していると言えるでしょう。

続く図2は、妹がいる長女と弟がいる長女の年収を比較しています。

この図から明らかなとおり、弟がいる長女ほど年収が低くなっています。

その差は34万円であり、比率で示すと弟がいる長女の年収が約16％低くなっていました。

ちなみに、デンマークでは弟がいる長女の年収が約2％低く、アメリカでは約7％低くな

図1 第2子の性別による「男性は外で働き、女性は家庭を守るべきである」への賛成割合の違い

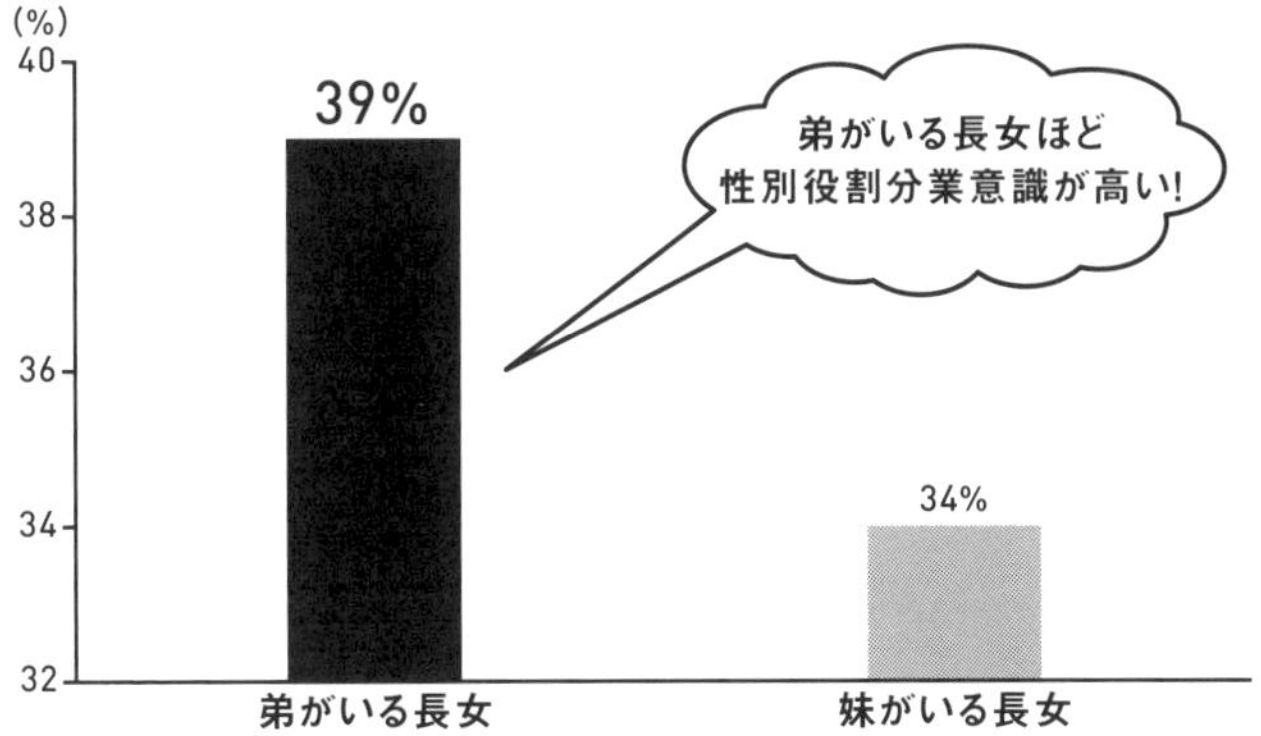

出典：佐藤一磨（2022）「弟がいる長女と妹がいる長女で就学、就業、賃金、家族形成に違いが生じるのか」PDRC Discussion Paper Series,DP2021-010。分析対象は59歳以下の女性（長女）であり、弟または妹を持つ場合である。また、図中の値は「男性は外で働き、女性は家庭を守るべきである」に賛成する割合を示している。

図2 第2子の性別による長女の年収の違い

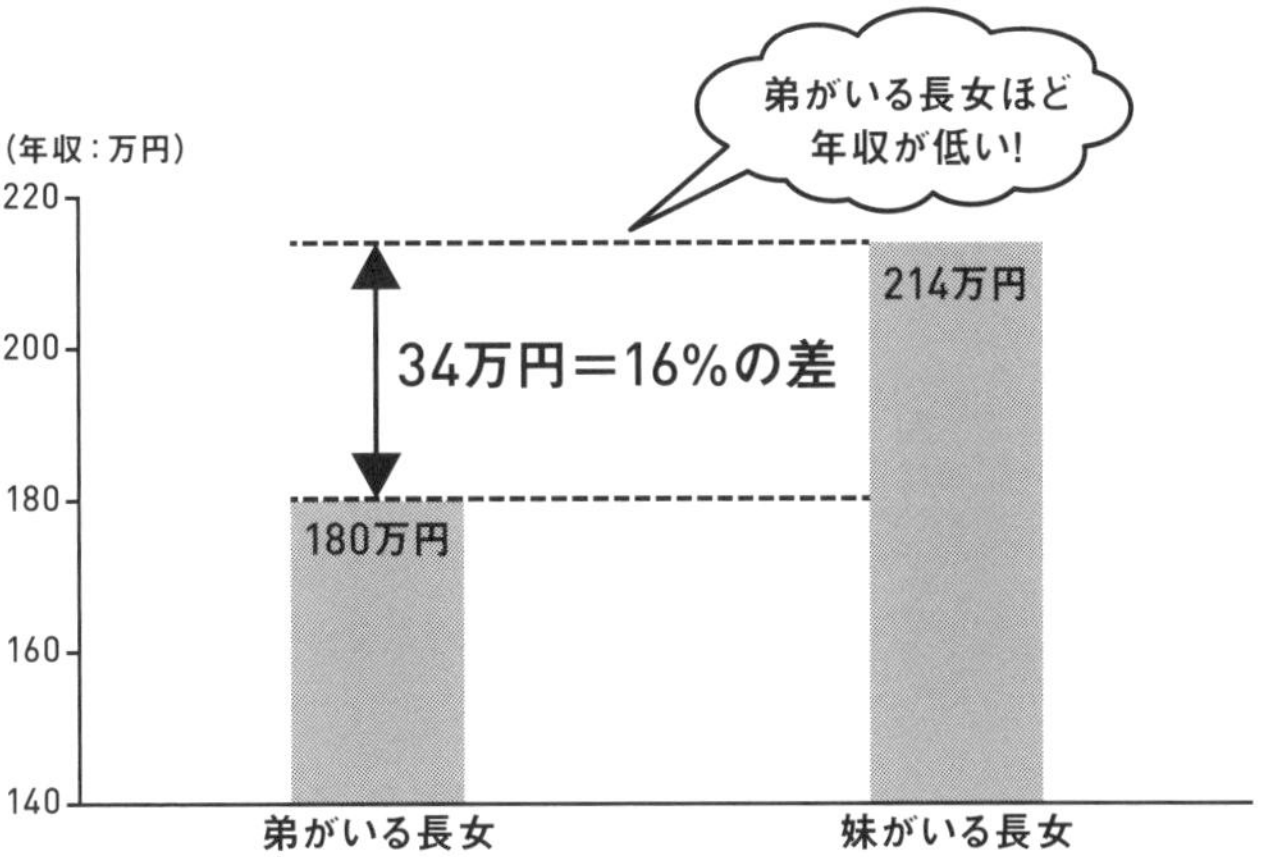

出典：佐藤一磨（2022）「弟がいる長女と妹がいる長女で就学、就業、賃金、家族形成に違いが生じるのか」PDRC Discussion Paper Series,DP2021-010。分析対象は59歳以下の女性（長女）であり、弟または妹を持つ場合となっている。図中の値は、仕事から得られる年収の平均値を示す。

っていたため、日本における弟がいる長女の年収へのマイナスの影響はやや大きめだと言えます。

図3は、妹がいる長女と弟がいる長女の正社員の割合と専業主婦の割合を比較していま す。

この図から、弟がいる長女ほど正社員の割合が低く、その代わりに専業主婦の割合が高くなっていることがわかります。弟がいる長女ほど労働時間の長い正社員よりも、家庭にいる時間の長い専業主婦を選択しやすいと言えるでしょう。なお、非正社員の割合や自営業の割合は、妹がいる長女と弟がいる長女で差が確認できませんでした。

図4は妹がいる長女と弟がいる長女の既婚割合と子どもを持つ割合を比較しています。この図から、差はわずかでありますが、弟がいる長女ほど既婚割合と子どもを持つ割合が高いことがわかります。

また、図5は妹がいる長女と弟がいる長女で家事・育児時間を比較していますが、弟がいる長女ほど家事・育児時間が長くなる傾向がありました。

図3 第2子の性別による長女の就業形態の違い

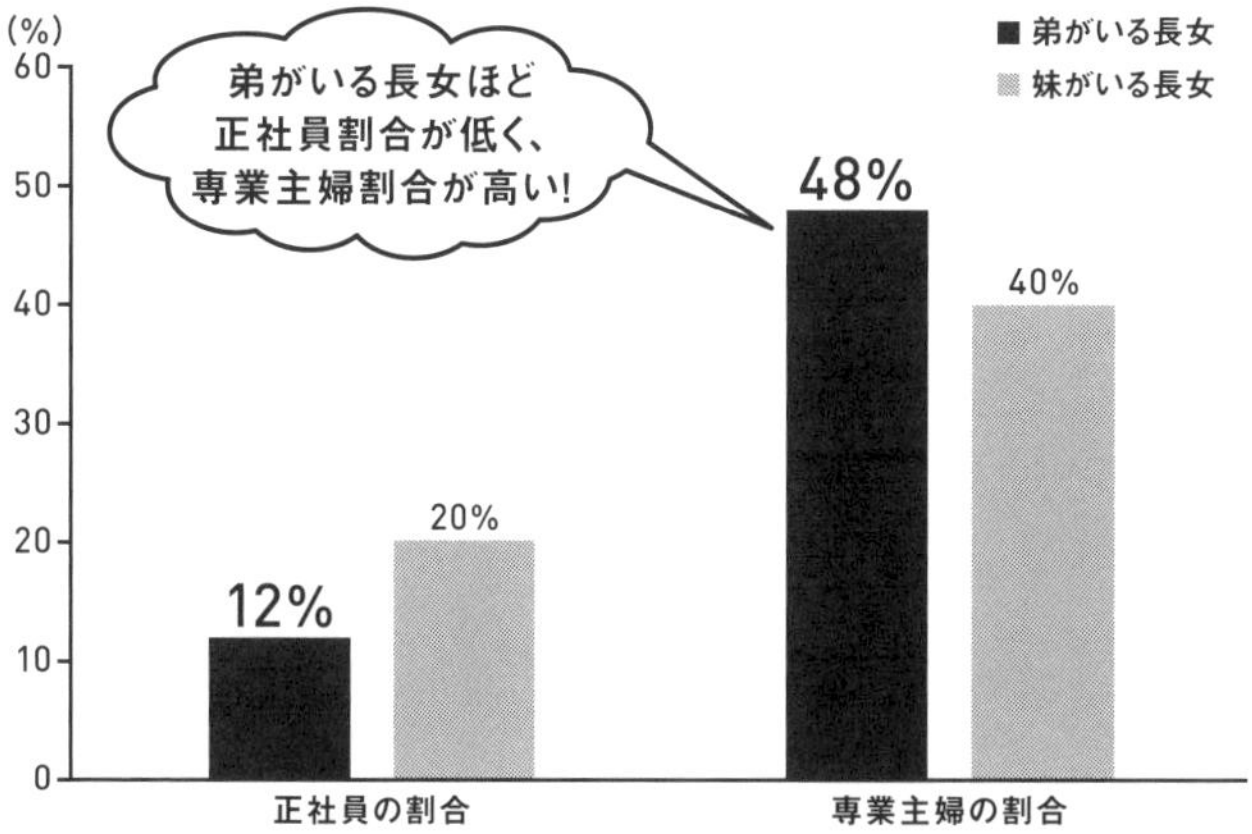

出典：佐藤一磨（2022）「弟がいる長女と妹がいる長女で就学、就業、賃金、家族形成に違いが生じるのか」PDRC Discussion Paper Series,DP2021-010。分析対象は59歳以下の女性（長女）であり、弟または妹を持つ場合となっている。

図4 第2子の性別による家族形成の違い

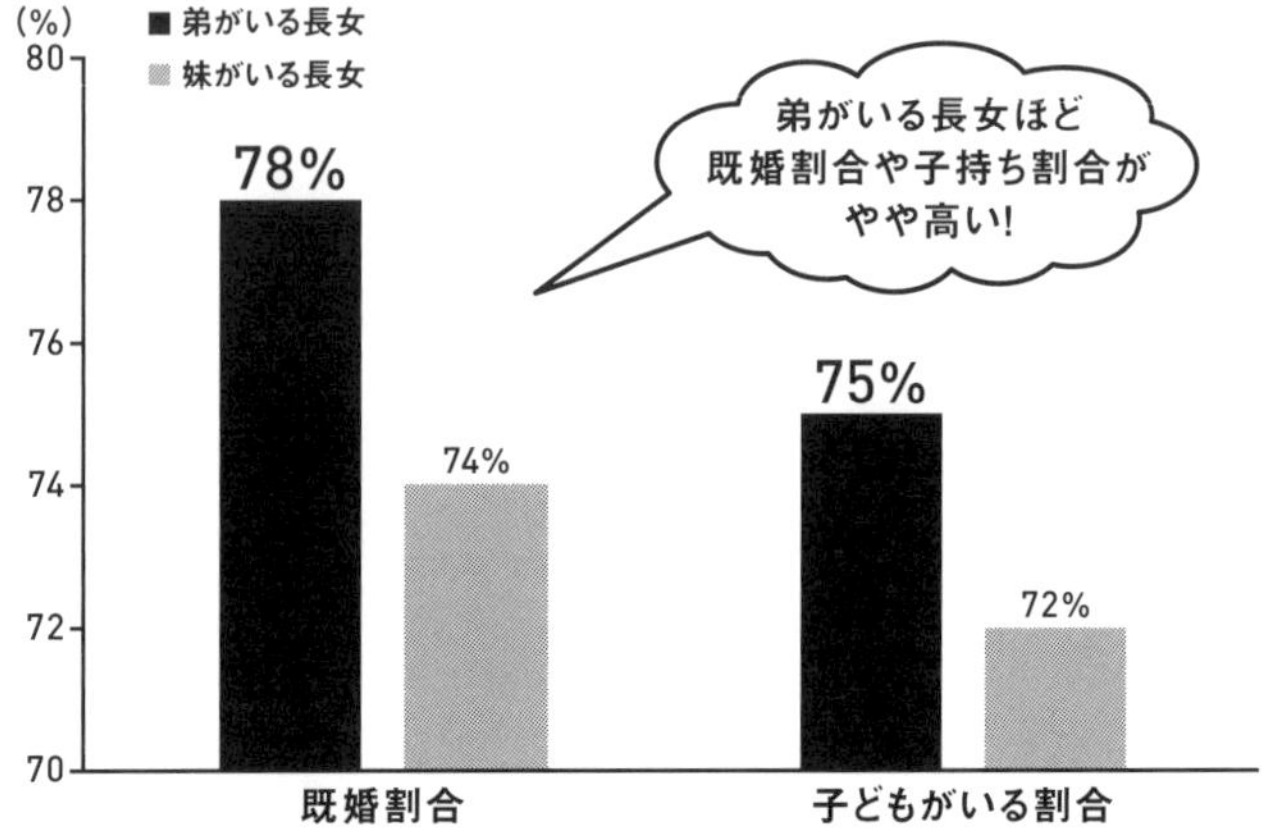

出典：佐藤一磨（2022）「弟がいる長女と妹がいる長女で就学、就業、賃金、家族形成に違いが生じるのか」PDRC Discussion Paper Series,DP2021-010。分析対象は59歳以下の女性（長女）であり、弟または妹を持つ場合となっている。

図5 第2子の性別による1日当たりの家事・育児時間の違い

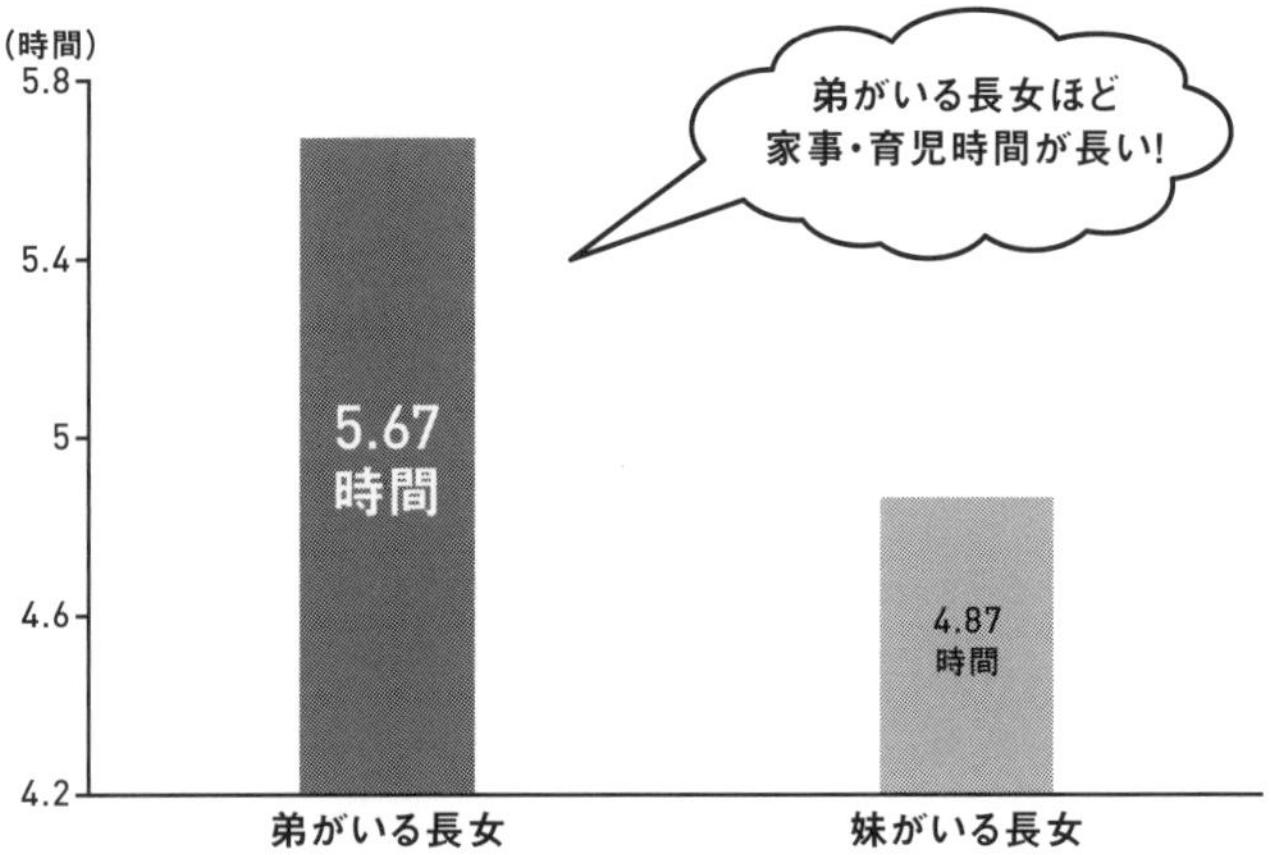

出典：佐藤一磨（2022）「弟がいる長女と妹がいる長女で就学、就業、賃金、家族形成に違いが生じるのか」PDRC Discussion Paper Series,DP2021-010。分析対象は59歳以下の女性（長女）であり、弟または妹を持つ場合である。図中の値は1日当たりの家事・育児時間の平均値を示す。

日本でもブラザーペナルティは存在する

以上、日本におけるブラザーペナルティの存在について検証してきましたが、その結果をまとめると次のとおりになります。

①弟がいる長女ほど、「男性は外で働き、女性は家庭を守るべきである」に賛成する割合がやや高い。

②弟がいる長女ほど、正社員割合が低く、専業主婦割合が高かった。また、年収も低くなっていた。

③弟がいる長女ほど、既婚割合や子どもを持つ割合がやや高く、家事・育児時間も長くなっていた。

以上の結果から、日本でも弟がいる長女のほうが性別役割分業意識の影響をより強く受け、正社員よりも家庭にいる時間の長い専業主婦を選択しやすく、その結果として収入も低くなっていると考えられます。

この結果から、**「日本でもブラザーペナルティは存在する」**と言えるでしょう。

長男に生まれると人生は変わるのか？

ここまではコントロールできない子どもの性別の組み合わせが子どものその後の人生に及ぼす影響について見てきましたが、子どもの視点から見た場合、「何番目に生まれるのか」という点も選ぶことができません。「別に何番目に生まれようが、人生そんなに変わらなくない？」と思われる人もいるかもしれませんが、じつは意外にも人生に影響することがわかっています。

このような何番目に生まれるのかというトピックの中でも、日本においてとくに興味・関心を集めるのが**「長男として生まれたかどうか」**という点です。

日本をはじめとした儒教の影響が強い東アジア諸国では、出生順位（何番目に生まれたのか）に大きな関心が寄せられてきました。これは、出生順位が親からの教育投資だけでなく、住む場所や仕事にも影響を及ぼすと考えられたためです。また、東アジア地域では家庭内で女の子よりも男の子が重視される傾向があります。

これまでの日本の「イエ」制度では、一般的に長男のみに家業や財産を相続させる傾向が見られました。これが制度化されたのが第2次世界大戦前の旧民法であり、もし一家の主が亡くなった場合、原則として長男が遺産のすべてを相続するという制度が採用されていました。この場合、次男や長女などの長男以外の子は、遺産を相続できませんでした。

この民法は第2次世界大戦後に改正されたのですが、長男を重視するという傾向は、依然として農村部を中心に存続したのではないかと指摘されています。もちろん、令和になった現在では長男重視の傾向はだいぶ弱まってきていると考えられますが、昭和や平成初期の生まれの人には生活の中で実感してきた部分があるのではないでしょうか。

以上の点を総合して考えると、男の子の中でも長男に大きな期待が寄せられたことは想像に難くありません。おそらく、教育面でも長男には手厚い投資がなされた可能性があります。これは所得にプラスの影響を及ぼすでしょう。

ただし、長男には家の相続という責任もともなうため、家の周辺地域で働かなければならず、所得の高い仕事があったとしても移動制約のために就職できない恐れもあります。これは所得にマイナスの影響を及ぼすでしょう。

このように日本で長男として生まれることは、学歴や所得にプラスとマイナスの両方の影響を及ぼします。はたして、どちらの影響が強いのでしょうか。

長男ほど学歴も年収も高い「長男プレミアム」

長男の学歴や年収に関して、政策研究大学院大学の藤本淳一教授らが研究を行なっています。[*6] この研究では2000年から2012年までの日本版総合的社会調査（JGSS）というデータを使用しており、比較的近年の状況を示しています。

研究では学歴に関する興味深い二つの分析結果が示されています。

一つ目は、学歴における**「長男プレミアム」**の存在です。第1子の男の子の場合、教育年数が長くなる傾向にありました。都市部と農村部で違いがあるのかという点も検証されていましたが、明確な違いは確認できませんでした。

やや意外ですが、日本では地域に関係なく学歴面での「長男プレミアム」が存在していると言えるでしょう。

二つ目は、きょうだいの数が多いほど子どもの教育年数が低下するという点です。性別にかかわらず、きょうだいの数が多いほど、一人ひとりにかけられる教育費用は低下していきます。この結果として、きょうだいの数が多いと子どもの学歴が低下する傾向が確認されました。

この結果の重要なポイントは、平均的に見て、子どもの学歴を高めたければ子どもの数を制限する必要があるという点です。子どもの数を制限し、一人当たりの教育投資量を増やし、子どもの学歴を高めるという戦略をとる必要があることを示唆しています。

また、この結果から、子どもに必要となる教育費が増加した場合、子どもの数を減らさざるをえなくなることも考えられます。現在、日本では都市部を中心に中学受験をする子どもが増えており、教育費の増加につながっています。これは子どもの数の減少に関連があると推測されます。

年収に関しては、長男は年収が約4・4％高くなることが明らかにされています。学歴と同じく、都市部と農村部で違いは見られませんでした。

年収面においても「長男プレミアム」が存在していると言えるでしょう。

さて、これまで見てきたとおり、日本では長男として生まれることが学歴や年収面でプラスに働きます。それでは海外ではどうなのでしょうか。

海外の研究を見ると、「長男であるかどうか」という点よりも「何番目に生まれたのか」という点に興味・関心が集まっています。

分析結果をまとめると、アメリカ、イギリス、ノルウェー、スウェーデンといった先進国において、子どもの出生順位が遅くなるほど学歴が低下する傾向が明らかにされています。[*7] これは、出生順位が早いほど親とともに過ごす時間が多く、教育投資がある程度確保できるためだと考えられています。

さらに、ヨーロッパ14カ国のデータを用いた研究によれば、出生順位の影響は世代を通じて子どもの学歴にも影響することが明らかにされています。[*8]

生まれが第1子である場合、本人の学歴が高くなるだけでなく、その子どもの学歴も高くなる傾向があったのです。なお、この影響は男性よりも女性で強く、第1子の母親から生まれた女の子ほど、第2子以降の母親から生まれた女の子よりも学歴が高くなっていました。

「何番目に生まれたのか」という自分でコントロールできない要因が子の世代にまで影響するという結果は、考えさせられるものです。

「ガチャ」による不公平を避けるためには

これまでの分析結果が示すように、生まれる順番といった本人にはどうしようもない要因で学歴や所得に差が生じてきます。この背景には、家庭内の限られた教育資源を配分する際、どうしても最初に生まれた子どもに多く配分してしまう親心も影響しているでしょう。

これへの対処方法ですが、家庭内だけでは難しい側面があるため、政策的な介入が手段として考えられます。具体的には教育費用の無償化などによる家庭の教育負担の軽減です。これが実現されれば、たとえば「上の子どもは私立に行ったから、下の子どもは公立に行ってもらわないと困る」といった選択肢を狭める事例も少なくなるのではないでしょうか。

また、弟がいる長女と妹がいる長女で学業、仕事、家族面で差が生じます。この背景には多くの社会で依然として色濃く残る性別役割分業意識が影響しています。これまで性別役割分業意識がもたらすさまざまな弊害について述べてきましたが、ブラザーペナルティもその一つだと言えるでしょう。

このブラザーペナルティに対処するためには、その原因の一つである性別役割分業意識の変革が必要となってきます。日本において性別役割分業意識の存在は、少子化とも関連した大きな病巣であり、社会をあげての意識のアップデートが必要となるでしょう。

まとめ

本章では「家族構成が子どもの人生に及ぼす影響」に関するさまざまな研究を紹介しました。内容の要点をまとめると以下のとおりです。

①弟がいる長女と妹がいる長女では学業、仕事、家族面で違いが生じる。弟がいる長女の場合、成長後に働く職場の男性比率や、STEMの分野を専攻したり、働く割合が低くなっていた。また、年収もやや低くなっていた。これらの負の影響をブラザーペナルティと呼んでいる。

②日本では弟がいる長女ほど、「男性は外で働き、女性は家庭を守るべきである」に賛成する割合や専業主婦割合が高く、正社員割合や年収が低くなっていた。

この結果から、日本でもブラザーペナルティが存在すると言える。

③ブラザーペナルティの背景には、「親の行動パターンの変化」と「身近に異性がいることによる子どもの行動パターンの変化」が影響していると考えられる。

④日本では長男ほど学歴が高く、年収も高くなっていた。これらの正の影響を長男プレミアムと呼んでいる。

第 7 章

なぜ日本の男性は幸福度が低いのか

男と女と幸せの経済学

男女の幸福度はどう変化してきたのか？

時代とともに、さまざまなものが変化していきます。

筆者が子どもの頃、携帯電話やインターネットもなく、情報はテレビや本から得る方法が主流でした。また、ゲーム機と言えば、ファミコンやスーパーファミコンがメインであり、小学5年生になる頃にセガサターンが出てきたように記憶しています。

今ではスマートフォンを使えばさまざまな情報がすぐ手に入ります。また、ゲーム機は多くの種類があり、それらの画像は驚くほど綺麗です。

このように、時代とともに多くのものが変わっていきます。

男女を取り巻く環境も例外ではありません。女性の場合、以前よりも確実に結婚・出産後に働く人が増え、社会で活躍する場面も増えています。男性の場合、以前と比較して仕事一辺倒というわけではなく、家庭での家事・育児参加が徐々に増えています。このように、社会における男女の役割は変わりつつあります。

ここで疑問になるのは、「日本の男女の幸福度がどのように変化してきたのか」という点です。**さまざまな時代の変化の影響によって、日本の男性・女性はより幸せになってき**

たのでしょうか。それとも、その逆なのでしょうか。

本章では「男女の幸福度の推移」に関する研究について紹介していきたいと思います。

環境が改善しても幸福度が下がる〝パラドックス〟

男女の幸福度がどう変化してきたのかといった点は欧米諸国でも関心があり、研究が進められています。

この中でミシガン大学のベッツィ・スティーブンソン教授とジャスティン・ウォルファース教授が興味深い分析を行なっています。*1

彼女たちはアメリカの男女別の幸福度の推移を分析し、1970年代以降、男性の幸福度はあまり大きな変化が見られないことに対して、女性の幸福度が低下傾向にあることを明らかにしました。

この結果、アメリカの女性は男性と比較して、近年になるほど幸せではなくなってきているというわけです。じつは、このような女性の幸福度の低下はヨーロッパ諸国でも観察される現象です。

欧米諸国の女性を取り巻く環境の変化を考えると、「女性の幸福度が低下する」という状況は驚きを隠せません。なぜなら、女性を取り巻く環境は時代とともに改善してきているためです。

男女間の学歴や賃金、労働参加率、家庭内の家事・育児時間の格差は縮小傾向にあります。これらの指標は、いずれも家庭内外における女性の地位が向上してきていることを意味します。

それなのに、女性の幸福度が低下する。

このような女性を取り巻く環境と幸福度が逆行する状況は、**「幸福のパラドックス」**と言われています。

スティーブンソン教授とウォルファース教授は、「幸福のパラドックス」が生じる理由として、①データでは計測できていない重要な社会経済的要因の変化や、②女性を取り巻く環境の変化にともなって、女性の幸福度に影響を及ぼす構成要素に変化が生じた、という可能性を指摘しています。

さて、ここで次に疑問になるのは、「幸福のパラドックス」が日本でも観察されるのか、という点です。

日本の女性の幸福度は低下していない

日本の状況を見ると、欧米諸国と比較してやや複雑です。

日本でも男女間の学歴や賃金、労働参加率、家庭内の家事・育児時間の格差は縮小傾向にあります。時代とともに女性を取り巻く環境は改善してきていると言えるでしょう。

しかし、日本における家庭内外の男女間格差は、欧米諸国と比較して依然として大きい状況にあります。

また、「男性＝仕事、女性＝家事・育児」といった性別役割分業意識が色濃く残っており、目には見えない男女間格差が存在しています。これが大きな障害となっており、女性の社会進出が進んでも、女性に家事・育児負担が偏る構造が残っています。

これらの状況を考えた場合、「日本の女性の幸福度が時代とともにどのように変化してきたのか」という問いは、非常に興味深いものになると言えるでしょう。

はたして実態は、どうなっているのでしょうか。

日本の女性の幸福度の推移に関する研究を見ると、**「女性の幸福度は低下していない」**という結論を得ています。

たとえば、2000年から2010年までの日本の男女の幸福度の推移を分析した国際医療福祉大学の光山奈保子准教授と国際協力機構緒方貞子平和開発研究所の清水谷諭上席研究員の研究は、「女性の幸福度が緩やかに上昇している」と指摘しています。[*2]

また、2003年から2018年までの日本の男女の幸福度の推移について分析した私の研究では、「日本の女性の幸福度は、この間大きく変化していない」という結論を得ています。[*3]

二つの研究の結果に若干の違いはありますが、**日本では2000年代以降、女性の幸福度が低下傾向にはない**と言えるでしょう。この結果は、アメリカと異なっています。おそらく、日米間で女性の幸福度のトレンドに違いがあると考えられます。

いずれにしても、日本では「幸福のパラドックス」が観察されないというわけです。この動きは、欧米諸国のトレンドとは異なっていますが、女性全体が不幸にはなっていないため、むしろ望ましい動きだと言えるでしょう。

日本では男性の幸福度が低下している

それでは次に日本の男性の幸福度は、どのように推移したのでしょうか。

じつは女性と違って、男性の幸福度は大きな変化を経験しています。

先ほどの女性の分析と同じデータを用いた私の分析の結果、2003年から2018年までの男性の幸福度は、**「明確な低下傾向」**を示していたのです。[*3] 日本ではもともと男性の幸福度の平均値が女性よりも低いという傾向が確認されていましたが、男性の幸福度の低下によって、男女差が拡大しています。

ちなみに、世界的に見ても男性の幸福度のほうが女性よりも低いのですが、日本の男性は世界の中でも女性の幸福度との差が大きいグループに分類されます。[*4] 幸福度の面では、女性のほうが男性よりも優位に立っているわけです。

さて、実際に幸福度の男女差の経年変化を見たのが次のページの図1です。この図では、年齢、学歴、世帯所得、家族構成といった個人属性の影響をコントロールした上で、幸福度の男女差の推移を見ています。

この図の見方はシンプルで、値が大きくなるほど幸福度の男女差が拡大することを示し

図1 幸福度の男女差の経年変化

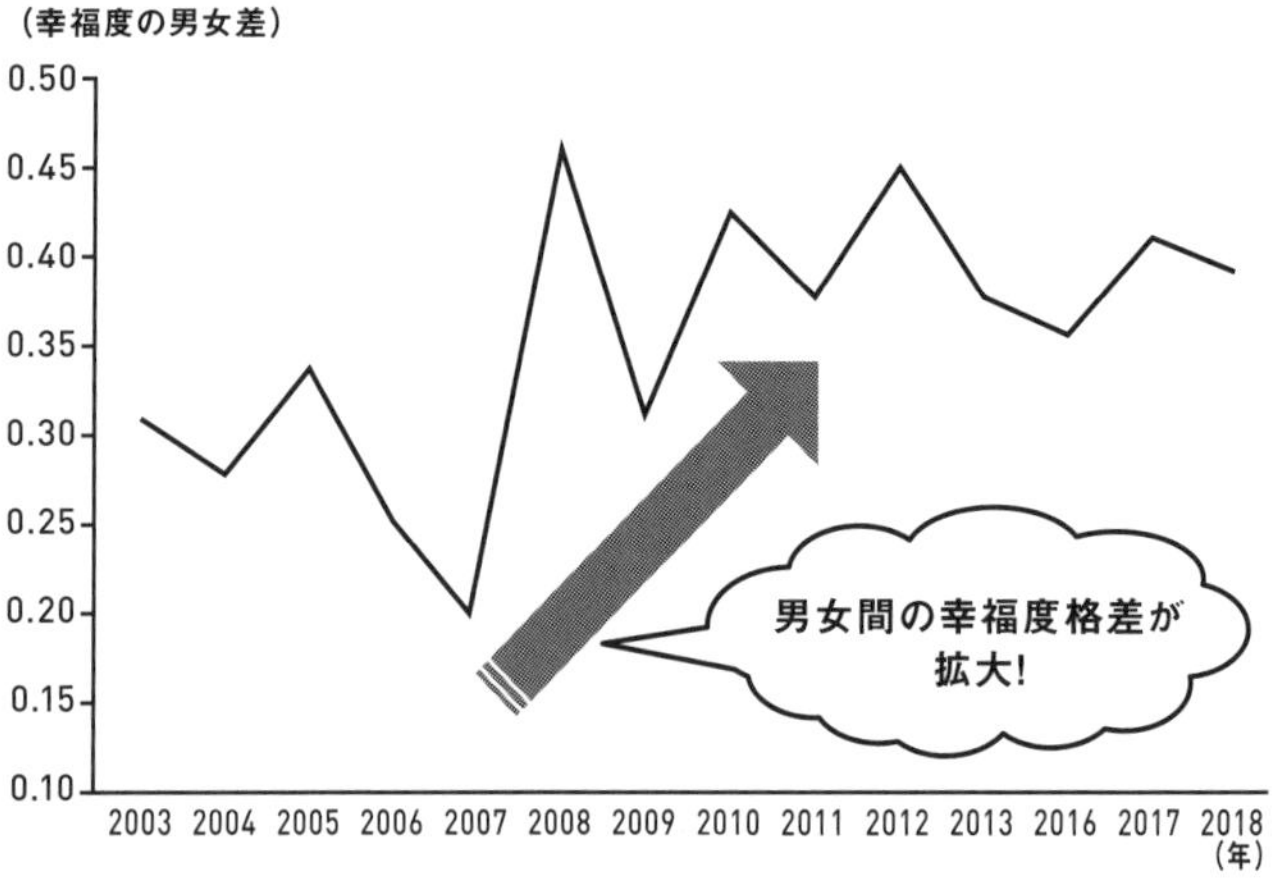

出典：佐藤一磨（2022）「2000年代前半から2010年代後半にかけて女性の幸福度はどのように推移したのか」PDRC Discussion Paper Series DP2022-001の図4を転載。なお、図中の値は幸福度の男女差を示している。回帰分析によって年齢、学歴、就業状態、世帯所得、家族構成の影響をコントロールしている。

ています。2003年を基準とすると、折れ線グラフは緩やかな右上がりとなっているため、幸福度の男女差がやや拡大傾向にあると言えます。

さて、2003年から2018年までの間で、日本における幸福度の男女差は拡大傾向にあるわけですが、すべての男女間で等しくその影響を受けているのかというと、そうではありません。

細かくグルーピングしていけば、男女差が大きく拡大したグループとあまり拡大しなかったグループに分けることができます。

実際に年齢、学歴、配偶状態、子どもの有無でグループ分けすると、とくに男女差が拡大したのは**「35〜49歳」**、**「大卒」**、**「未婚」**、**「子どもあり」**の場合でした。*3

これらのグループで幸福度の男女差が拡大していたのですが、その主な原因はいずれも**「男性の幸福度の低下」**でした。

幸福度が低いのは高齢未婚&子育て期の男性

さて、ここで気になってくるのが未婚者と子どもありの場合です。なぜなら、未婚者と子どもありの場合といっても、年齢によって直面する状況が異なってくるためです。

たとえば、比較的若い未婚者であれば、お金や時間を自分の裁量で使うことができ、必ずしも幸福度が低下する状況にはない可能性があります。これに対して、高齢の未婚者の場合、とくに男性において社会的に孤立するケースがあるため、幸福度の低下が大きい恐れがあります。また、子どもがいる場合、子育て期では金銭的・肉体的負担が大きいため、幸福度へのマイナスの影響が大きくなる可能性があります。

このように、年齢層によって未婚者と子持ちの人々の直面する状況は違ってきます。この点を確認するために、未婚者と子持ちの男性を50歳未満と50歳以上の二つのグループに分け、幸福度の推移を分析しました。

その結果、幸福度の低下がとくに顕著だったのは、**「50歳以上の高齢未婚男性」**と**「49歳以下の子持ち男性」**だとわかりました。[*3]

高齢未婚男性と子育て期の男性の幸福度がとくに低下し、その結果、男女間の幸福度の差が拡大したのです。

高齢未婚男性と子育て期の男性の幸福度が低下した原因には、いくつかの可能性が考えられます。

まず、高齢未婚男性ですが、家族と住むのではなく、独居の場合が多いと推測されます。そして、独居高齢者は社会的な孤独に陥りやすく、幸福度も低下しやすいと指摘されているのです。*5

総務省『国勢調査』によれば、65歳以上の独居高齢男性は、2000年で約74万人でしたが、2015年には約192万人と2倍以上に増えています。このように幸福度が低下している高齢未婚男性が日本で大きく増加しているのです。

次に子育て期の男性ですが、幸福度が低下した原因として、二つの可能性が考えられます。

一つ目は、子育ての経済的負担の増加です。低経済成長を背景とした所得の伸びの鈍化や非正規雇用の増加を受け、世帯の経済状況が悪化し、子どもを養育する負担が重くなっている可能性が考えられます。所得が順調に伸びるわけではない現代の日本において、子育ての金銭的負担がのしかかり、幸福度を押し下げている可能性があります。

二つ目は、子育ての時間的・肉体的負担の増加です。共働き世帯の増加によって若年層を中心に子育ての負担が増加し、仕事と家庭の両立による負担が増え、その結果として幸福度が低下した可能性が考えられます。仕事をがんばらなければならないけれど、家事・

育児負担も増えている。これまで女性が抱えてきた負担を男性も徐々に担うようになり、それが幸福度を押し下げている可能性があります。

さて、これまでの内容を整理すると、2003年から2018年までの日本の幸福度の変化において、とくに目立ったのは女性ではなく、**「男性の幸福度の低下」**です。中でも注目されるのが高齢未婚男性と子育て期の男性です。未婚率の上昇と共働き世帯の上昇が続いているため、今後もこれらの男性の数が増加すると予想されます。

これは男性の幸福度の低下に拍車をかける恐れがあるため、今後その動向を注視する必要があるでしょう。

まとめ

本章では「男女の幸せの推移」に関するさまざまな研究を紹介しました。内容の要点をまとめると以下のとおりです。

①アメリカでは、1970年代以降、男性の幸福にあまり大きな変化が見られなかったが、女性の幸福度は低下していた。女性の社会経済的地位の向上に反して、女性の幸福度が低下する傾向を「幸福のパラドックス」と言う。

②日本では、2000年代前半以降、女性の幸福度が低下していなかった。このため、日本では「幸福のパラドックス」が観察されないと言える。

③日本では、2000年代前半以降、男性の幸福度が低下傾向にあった。中でも幸福度の低下が明確だったのは、「50歳以上の高齢未婚男性」と「49歳以下の子持ち男性」であった。

④今後、日本では未婚率の上昇と共働き世帯の上昇が続くと予想されるため、男性の幸福度の低下に拍車がかかる恐れがある。

第 8 章

「幸せのどん底」は何歳でやって来るのか

年齢と幸せの経済学

人生の中で幸福度が最低なのは48・3歳

日本を含む多くの先進国では、医療技術の発展にともない寿命が延びています。これを受け、世界的に人生100年時代と言われるようになってきました。これまでの人類の歴史を振り返ると、長寿は多くの社会で求められてきたものであり、これ自体は素晴らしいことだと言えます。

さて、このような長寿に直面した私たちにとって、ふと疑問になるのが**「人生を通じて幸福度の大きさはずっと同じなのか、それとも変わるのか」**という点です。

こう疑問に思うのは、私たちが年齢を重ねるごとに肉体的、精神的な変化を経験していくためです。これによって幸福度の感じ方が変わってもおかしくありません。若年期では肉体的、精神的に充実していても、人生経験に乏しく、逆に高齢期では肉体的、精神的な面は衰えていきますが、人生経験は豊かになっています。このため、同じ経験でも、幸福度に与える影響が異なる可能性があります。

もし幸福度の感じ方が変化する場合、それには何か傾向があるのでしょうか。この実態は気になるところです。

本章では最新の研究例を用いて、「年齢による幸福度の変化」の実態を明らかにしていきたいと思います。

結婚式のスピーチで次の有名なフレーズがあります。

「人生には三つの坂がある。それは、上り坂、下り坂、そして、まさかである」

これには若干ダジャレが入っていますが、真実を突いていると思います。

これまでの心理学や経済学の研究の結果、人生には幸福度が低下する時期（下り坂）と上昇する時期（上り坂）があることがわかっています。そして、人生全体をとおして見ると、幸福度と年齢の関係はU字型になることが明らかにされているのです。U字型というのは、若年期から中年期にかけて幸福度が低下し、その後の高齢期にかけて上昇するといったかたちを意味しています（図1）。

この点に関してアメリカのダートマス大学のデービッド・ブランチフラワー教授が行なった分析によれば、ヨーロッパ、アジア、北アメリカ、南アメリカ、オーストラレーシア

図1 年齢と幸福度の関係のイメージ図

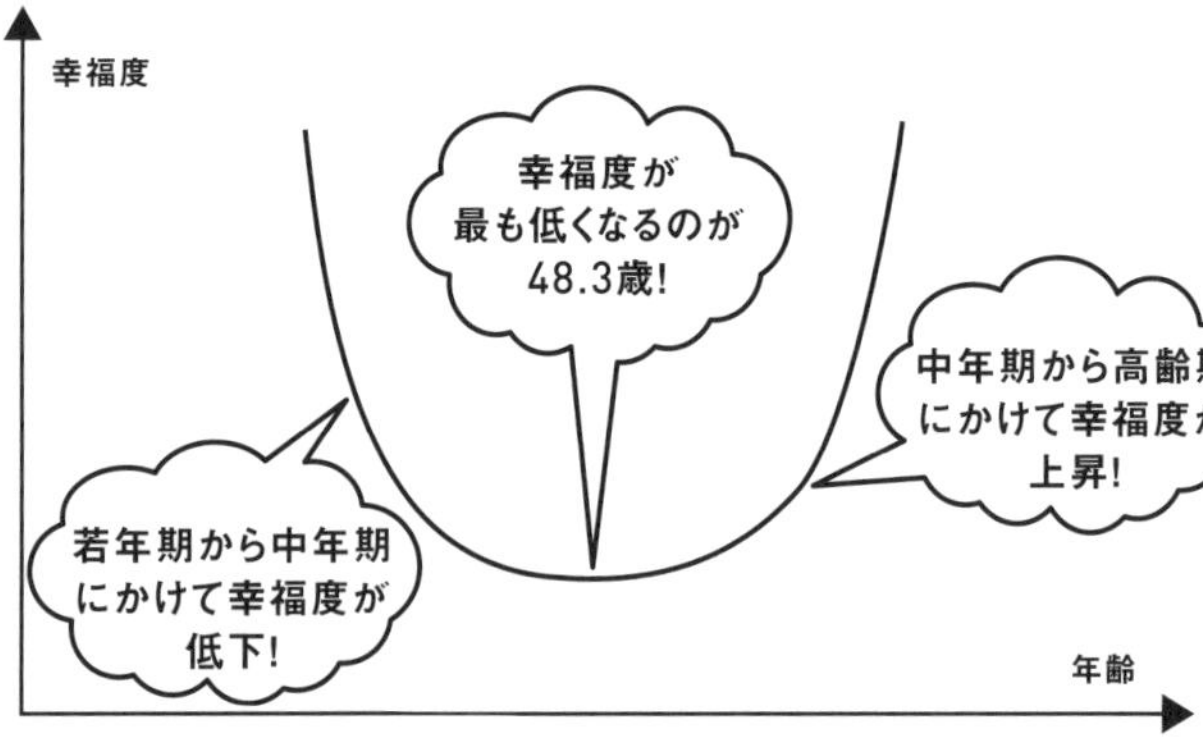

出典：Blanchflower, D.G. (2021). Is happiness U-shaped everywhere? Age and subjective well-being in 145 countries. Journal of Population Economics 34, 575-624. なお、この図は推計結果を参考にしたイメージ図である。

およびアフリカなどの世界145カ国において、幸福度と年齢の関係がU字型になり、幸福度が最も低くなる年齢の平均値は、48・3歳であることがわかっています。[*1]

ちなみに日本の結果を見ると、データによって違いはありますが、49歳、または50歳で幸福度が最低となっています。日本では人口構造上、ちょうどこの年齢にさしかかる人が多い状況にあります。

幸福度と年齢のU字型の関係は、日本を含めた世界中の人々が直面する現象となるわけですが、なぜこれが発生するのでしょうか。

50歳前後で幸福度がどん底になるワケ

年齢と幸福度の関係がU字型になる背景には、諸説あります。

代表的なものに、40代から50代にかけて理想と現実のギャップにさいなまれ、幸福度が低下してしまうという説があります。[*2]

若年期に思い描いた「大人の自分の姿」が中年期に現実になるわけですが、思い描いた理想と現実のギャップに直面した場合、**「こんなはずじゃなかった」**と打ちひしがれてしまうわけです。

アメリカのノースウェスタン大学のハネス・シュヴァント准教授の研究によれば、若年期ほどよりよい将来を予想し、生活全体の満足度も今より高くなると見積もる傾向があります。[*3] 若いときほど今後の人生への期待値が高い状態にあるわけです。これが中年期の理想と現実のギャップを大きくする原因となります。

また、シュヴァント准教授は高齢期になるほど将来の生活全体の満足度を低く見積もる傾向があると指摘しています。このため、理想と現実のギャップも小さく、予想していなかった小さなポジティブな出来事が幸福度を引き上げる要因となるわけです。

年齢と幸福度の関係がU字型になる二つ目の理由として、50歳前後で親の介護と子育ての二重の負担がのしかかり、幸福度を低下させるという説があります。[*2]

50歳前後になると親も高齢で介護が本格的に必要となる場合が増えてきます。また、子どもがいればちょうど大学進学の時期と重なり、金銭的な負担もピークとなります。これらの負担が重くのしかかり、幸福度を低下させるわけです。

また、仕事面では中間管理職として働く時期でもあり、仕事の責任もストレスの原因となります。日本の場合、厚生労働省の『賃金構造基本統計調査』が示すように、直近の10

年間で課長以上の管理職になれる比率が徐々に低下しているため、そもそも管理職になれない場合も増えています。管理職になったらそれはそれで大変なのですが、なれない場合はより大きなストレスとなるでしょう。

このように仕事面でもストレスが多い時期であり、幸福度が低下する原因になっていると考えられます。

幸福度低下への対策は「お金」

これまで見てきたとおり、幸福度と年齢の関係はU字型になっており、50歳前後で幸福度が落ち込む傾向にあります。

しかし、近年の研究の結果、幸福度の落ち込みが見られなかったり、その落ち込みが小さく済む場合があることが明らかにされています。

その鍵となる要因は、ズバリ「お金」です。

オランダのライデン大学のディミッター・トシコフ准教授は、年齢と幸福度の関係が所得水準によってどのように変化するのかを検証しています。*4 その分析の結果、所得を10段階に分割した場合、所属する所得階層によって年齢と幸福度の関係が大きく異なることがわかりました（図2）。

彼の分析の結論は、「高所得階層に属する場合、幸福度と年齢の関係はほぼフラットになり、50代における幸福度の落ち込みは観察されない」というものでした（図2の〈B〉）。

この結果から、高い所得が50歳前後の理想と現実のギャップを解消するだけでなく、介護や子育ての負担にも対処していると解釈できます。やはり、お金の力は絶大です。

彼の分析によれば、所得が最も低い階層の場合、年齢と幸福度の関係がホッケースティックのような形状になると指摘しています（図2の〈C〉）。ホッケースティックということなので、ある時期まで減少し、その後少し上昇するといった具合です。より具体的には、50歳になるまで幸福度が低下し続け、その後少しだけ幸福度が上昇するというかたちになっていました。

また、所得が中間層の場合、幸福度と年齢の関係はU字型になるものの、50代における幸福度の落ち込みは、低所得階層よりも小さくなっていました（図2の〈D〉）。

長い人生の中で浮き沈みはありますが、平均的に見た場合、50歳前後で幸福度が最も低くなります。そして、これへの対応策は、「お金」です。「地獄の沙汰も金しだい」という

図2 年齢と幸福度の関係のイメージ図

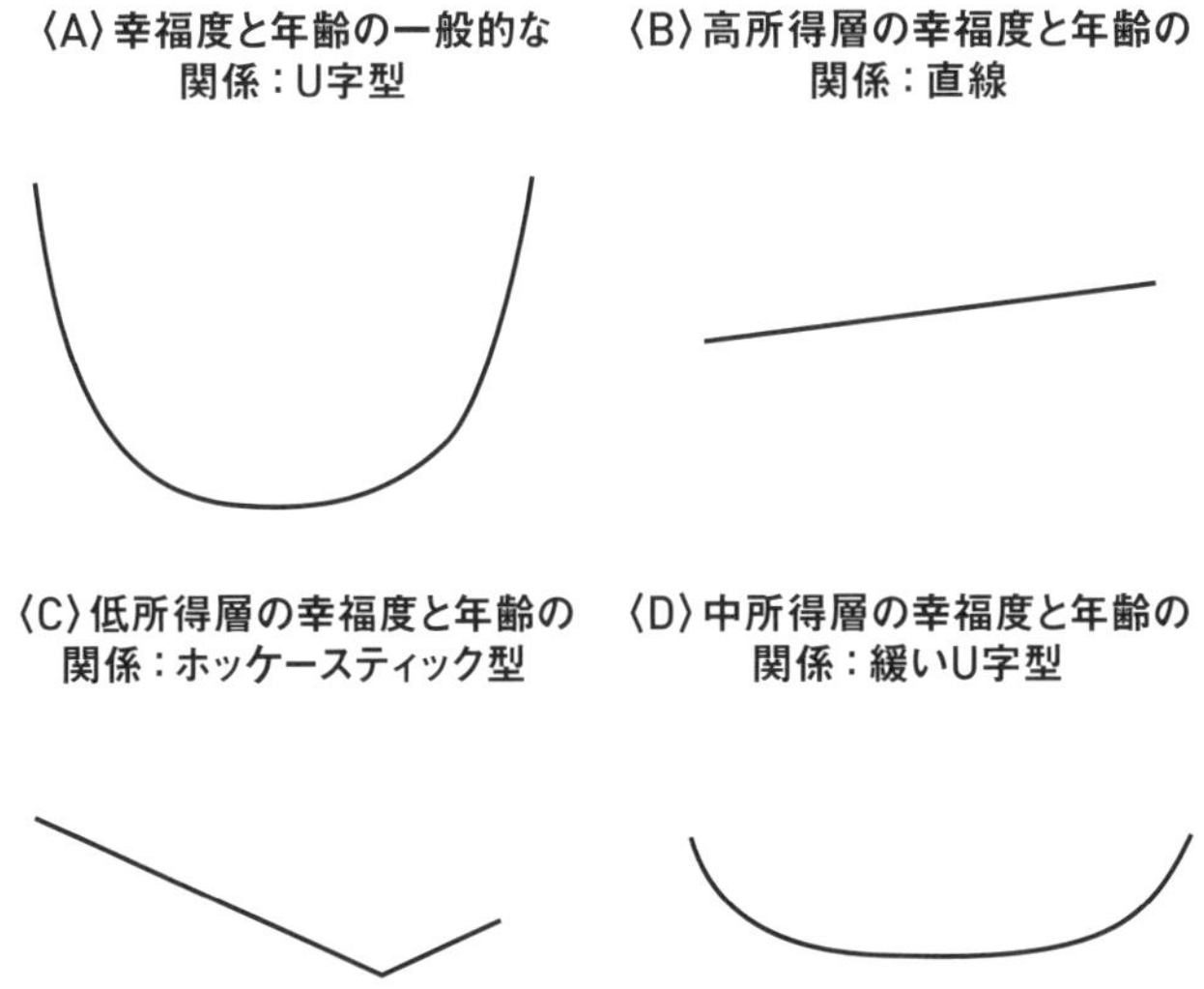

出典：(A)Blanchflower, D.G. (2021). Is happiness U-shaped everywhere? Age and subjective well-being in 145 countries. Journal of Population Economics 34, 575–624. (B)、(C)、(D) Toshkov, D. (2022). The Relationship Between Age and Happiness Varies by Income. Journal of Happiness Studies 23, 1169–1188. なお、いずれの図も推計結果を参考にしたイメージ図である。

言葉がありますが、やはり経済的な豊かさは、幸せにとって欠かせない要因の一つだと言えるでしょう。

ここで気になるのが、日本では平均年収がなかなか伸びない状況にあるという点です。それにもかかわらず、消費税や社会保険料は増えています。このため、実際に手元に残るお金（=可処分所得）が減少しているわけです。

このような状況下にあるため、幸福度が落ち込む「中年の危機」が今後さらに深まることが懸念されます。

増える未婚の子との同居高齢者と独居老人

これまで年齢と幸福度の関係を見てきましたが、高齢期は幸福度が相対的に高くなる時期です。日本では高齢期にさしかかる人が年々多くなっているため、幸福度の高い人の割合が増えていると解釈できます。しかし、この解釈には注意が必要です。というのも、高齢者世帯を詳しく見ると、構造変化に直面しているためです。

高齢者世帯が直面する構造変化とは、**未婚の子との同居と独居者の増加**です。

次ページの図3は、65歳以上の高齢者がいる世帯を五つのグループに分け、その推移を見たものです。この図から四つの変化が読み取れます。

一つ目は、**「未婚の子と同居する高齢者の増加」**です。1986年では未婚の子と同居する高齢者の割合は11%程度でしたが、2019年には20%にまで上昇しています。世帯数で見ると、2019年で約512万世帯となり、三世代世帯の数（約240万世帯）の約2・1倍です。

二つ目は、**「独居世帯の増加」**です。2019年には単独世帯の割合が29%となっており、高齢者のみで暮らす世帯が全体の3割近くを占めています。

三つ目は、**「夫婦のみの世帯の増加」**です。1986年では夫婦のみの世帯は18%だったのですが、2019年には32%にまで増加しています。

四つ目は、**「三世代世帯の減少」**です。1986年では三世代世帯の割合は、45%とほぼ全体の半分近い値でした。当時、子や孫との同居は高齢者の一般的な居住形態だったと言えるでしょう。しかし、2019年になると、この割合はわずか9%にまで落ち込んでいます。1986年と比較すると、5分の1の規模です。現在の日本では親・子・孫で一緒に住むかたちは希少なものになりつつあります。国民的テレビアニメである『サザエさ

図3 65歳以上の者のいる世帯の世帯構造の変化

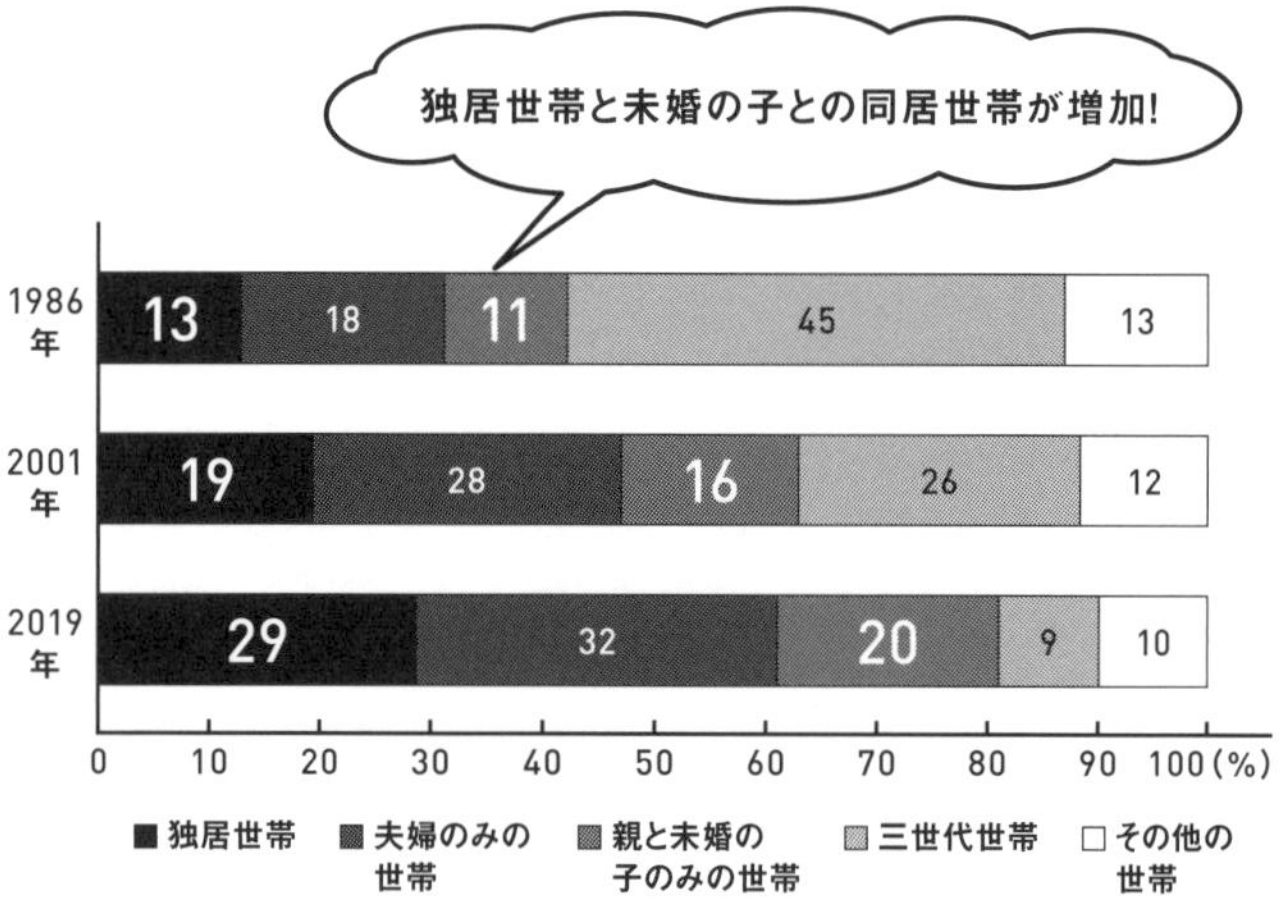

出典:厚生労働省『2019年 国民生活基礎調査』

ん』のように、子夫婦と同居する親といった居住形態は、今では少なくなっています。

このように高齢者の世帯構造は大きく変化していますが、中でも注目されるのが未婚の子と同居する高齢者と独居世帯の増加です。なぜならば、近年の研究の結果、これらの世帯は、幸福度が低くなる場合があるとわかってきたからです。

未婚の子との同居は幸福度を下げる

未婚の子との同居が高齢の親の幸福度に及ぼす影響について、大阪商業大学の宍戸邦章教授が分析を行なっています。[*5]

その結果は、**「未婚の子との同居が男女両方の親の幸福度を低下させる」**というものでした。さらに、宍戸教授は**「既婚の子との同居が男親の幸福度を高める」**という結果も明らかにしています。なお、高齢女性の場合、既婚の子との同居の影響は確認できませんでした。

宍戸教授は、未婚の子の場合、日々の家事や経済面における基礎的な生活基盤を親に依存する傾向があるため、親の負担が増加し、幸福度の低下につながるのではないかと指摘しています。また、既婚の子の場合、同居は将来にわたる生活基盤の安定につながるため、親の幸福度を高めている可能性があると述べています。

以上の結果から、未婚の子との同居は高齢の親にとってあまり望ましいものとは言えないようです。

ただし、未婚の子との同居の及ぼす影響が状況によって変化する可能性があります。親の健康状態が悪化し、その生活上の支援のために同居する場合などが例として考えられます。この場合、子との同居がセーフティーネットとして機能するわけです。

この際の影響についてまだ十分な分析はありませんが、おそらく親の幸福度を高める効果があると予想されます。この点について、今後の研究が期待されるところです。

独居高齢の幸福度は、男性は低いが女性は高い

近年増加する独居高齢者の幸福度に関して、中央大学の松浦司准教授と法政大学の馬欣欣《マキンキン》教授が分析を行なっています。[*6]

この分析によれば、**「独居高齢男性の幸福度は低くなる」**ことがわかっています。

背景には独居高齢男性は人との交流が少なく、孤立化しやすいという点と家事負担が影響していると指摘されています。

これに対して、**「独居高齢女性の幸福度は高くなる」**ことがわかっています。

この理由は、家事負担からの解放です。

日本では性別役割分業意識が依然として強く、女性に家事負担が偏りがちです。一人暮らしだとほかの家族の家事負担もなく、気兼ねなく生活できるため、幸福度が高まるというわけです。また、女性の場合、男性よりも家庭外での交友関係が広く、孤立化しにくいといった点も影響しています。

松浦准教授らの分析では、独居高齢女性と独居高齢男性の幸福度の比較も行なっていますが、女性の幸福度のほうが高いことが明らかにされています。

一人暮らしの高齢女性は、相対的に幸せに暮らしているようであり、高齢男性とは対照的です。

まとめ

本章では「年齢と幸せの関係」に関するさまざまな研究を紹介しました。内容の要点をまとめると以下のとおりです。

①幸福度と年齢の関係は、若年期から中年期にかけて低下し、その後、高齢期にかけて上昇するU字型となる。また、幸福度が最も低くなる年齢の平均値は、48・3歳であった。

②年齢と幸福度の関係がU字型になるのは、（1）40～50代にかけて理想と現実のギャップが顕在化する、（2）50歳前後で親の介護と子育ての二重の負担が発生する、といった二つの原因が考えられる。

③50代における幸福度の落ち込みは、お金で対処できる。

④未婚の子との同居は、高齢の親の幸福度を低下させる。

⑤独居高齢男性の幸福度は低く、独居高齢女性の幸福度は高くなる。

終章

経済学が導き出す「幸せの条件」とは

幸せの決定条件

本書では、データと経済学の力を使って幸せを分析した結果を紹介してきました。最後に、これらの分析結果と幸福に関する学術論文を用いて、「幸せの決定条件」について考えてみたいと思います。

本書では、私たちの幸せに関連するさまざまな要因について見てきました。お金、仕事、結婚、子ども、離婚、家族構成、性別、年齢とさまざまな要因について見てきましたが、その相対的な影響の大きさについては、言及してきませんでした。つまり、「どの要因が幸福度に大きなインパクトをもたらすのか」、「幸福度を大きく高める要因は何なのか」、「幸福度を大きく低下させる要因は何なのか」という点について、明確に検討してこなかったのです。

この点を明らかにするためにも、幸福度に関するサーベイ論文を見ていきたいと思います。サーベイ論文とは、ある分野の学術論文を網羅的に比較検討した研究論文です。これを読めば、その分野の研究動向がサクッとわかります。

幸福度全般に関するサーベイ論文については、ロンドン・スクール・オブ・エコノミクスの行動科学の教授であるポール・ドーラン氏らが発表しています。[*1] その論文の題名は、ズバリ**「われわれは、何が自分たちを幸せにしてくれるのかを本当に知っているのだろうか?」**です。

この論文の中でドーラン教授らは、幸福度を大きく低下させる四つの要因を指摘しています。それは、**健康状態の悪化、失業、パートナーとの離別、そして、社会からの孤独・孤立**です。

健康状態が悪くなれば、日々の生活に支障が出てしまい、幸福度も低下するでしょう。失業してしまえば、社会的な地位や経済力を失うだけでなく、周囲の目も気になるようになるため、幸せを実感することが難しくなります。また、大切なパートナーと別れ、喪失感にさいなまれれば、不幸のどん底に陥ってしまうかもしれません。さらに、気軽に話せる人や困ったときに頼れる人がおらず、孤独を感じる人も幸せを実感しにくいでしょう。

このように私たちの幸せには、健康、仕事、そして、人間関係が大きな影響を持っています。

じつは近年、これらの要因の中でも**「人間関係がとくに大きなインパクトを持つのではないか」**と指摘されています。この指摘は、ハーバード大学のロバート・ウォールディンガー教授とブリンマー大学のマーク・シュルツ教授によってなされています。*2 彼らは80年以上続くハーバード成人発達研究からこの結論を得ており、「心の通う人間関係が人生や老いのつらさから私たちを守ってくれる」と述べています。

人間関係、健康、仕事は、まさに私たちのふだんの生活そのものであり、目新しさはありません。しかし、**そのふだんの生活の中にこそ、私たちの幸せがある**、と言えるでしょう。

社会が変われば幸せのあり方も変わる

本書では幸せに関するさまざまなトピックについて紹介してきましたが、最後に留意点と今後気になる点について述べたいと思います。

まず留意点ですが、**「今幸せだと考えられているものは、社会の変化によって変わりえる」**というものです。

今の私たちの幸せの感じ方は、私たちの直面する社会環境と密接に関連しています。たとえば、今の日本社会では、働く既婚女性と専業主婦の既婚女性では、後者の専業主婦のほうが幸福度が高くなっています。[*3] しかし、ヨーロッパのデータを用いた研究では、女性の社会進出が進んでいる国ほど、働く既婚女性のほうが専業主婦よりも幸福度が高くなることがわかっています。[*4]

この結果は、日本とは真逆です。おそらく背景には、女性の活躍できる環境が整った社会であれば、働いて能力を発揮したほうがお金も稼げるし、幸せにつながるという好循環があるためだと考えられます。

このように社会環境が変われば、同じ行動でも幸せに及ぼす影響が変化します。日本でも専業主婦よりも、働く既婚女性のほうが幸福度が高くなる日が来るかもしれません。また、子どものいない人よりも、子どものいる人のほうが幸福度が高くなる日が来るかもしれません。

このように幸福度は社会環境の変化を反映する指標であり、同じ影響を持ち続けない場合もあります。この点には留意すべきでしょう。

今後気になる点

続いて今後気になる点です。私たちの住む日本は、さまざまな構造変化に直面しています。たとえば、人口動態の変化です。今後さらに未婚者や高齢者が増加していくでしょう。また、結婚している世帯では、今以上に共働きがスタンダードになると予想されます。こう考えていくと、「幸せな未婚男性や未婚女性とはどのような人なのか」、「幸せな高齢者の決定要因とは何なのか」、「幸せな共働き夫婦とはどのような人たちなのか、また、共働き世帯間で幸福度格差が生じているのか」といった点が注目される可能性があります。

このように社会の変化に合わせて、新しいトピックが出てきます。先ほども述べたように、幸福度は社会環境の変化を反映する指標であるため、社会の変化に合わせて分析すべき新しい課題が出てきます。

これらの新しいトピックについて、今後検討していく必要があるでしょう。

おわりに

貴重な時間とお金を使い、本書を最後まで読んでいただき、本当にありがとうございました。最後に、本書の作成にあたってお世話になった方々に感謝の意を示させてください。

まず、本書の執筆の機会をくださったプレジデント社の工藤隆宏様と横田良子様には心から感謝申し上げます。本書のもとになったのは、プレジデント・オンラインの記事であり、プレジデント・オンラインへの寄稿には、横田様からお誘いをいただきました。そして、その記事を見た工藤様から本書のお話をいただきました。工藤様には本書の作成の上で的確なアドバイスをいただき、完成までの道筋をご教示いただきました。本当にありがとうございました。

また、この場を借りて、師である樋口美雄・慶應義塾大学名誉教授に心から御礼を申し上げます。凡庸な私が曲がりなりにも経済学者として働くことができているのは、樋口先生にご指導いただけたおかげです。樋口先生のご指導がなければ、今日の私はないと言えます。本当にありがとうございました。

研究者として研究を行なっていく中で、山本勲・慶應義塾大学教授、黒田祥子・早稲田大学教授、梅崎修・法政大学教授、影山純二・明海大学教授、松浦司・中央大学准教授、萩原里紗・明海大学准教授、寺村絵里子・明海大学教授には、さまざまなご指導をいただきました。先生方の研究者としての姿勢を身近で見ることができ、学ぶことが非常に多くありました。

本書で引用した私自身の研究の多くは、科学研究費補助金基盤研究B「価値観の変化から見るグローバリゼーションの帰結（代表者：影山純二）」によるご支援をいただきました。ここに記して感謝いたします。なお、本書にありうべき誤りのすべては、筆者の責に帰するものです。

最後に、いつも支えてくれる家族に、心から感謝したいと思います。

佐藤一磨

Life Satisfaction of Working and Non-working Women. Journal of Happiness Studies, 18, 107–124.

[第7章]
＊1） Stevenson, B., & Wolfers, J. (2009). The Paradox of Declining Female Happiness. American Economic Journal: Economic Policy, 1(2), 190–225.
＊2） Mitsuyama, N. & Shimizutani, S. (2019). Male and Female Happiness in Japan during the 2000s: Trends During Era of Promotion of Active Participation by Women in Society. The Japanese Economic Review, 70(2), 189-209.
＊3） 佐藤一磨(2022)「2000年代前半から2010年代後半にかけて女性の幸福度はどのように推移したのか」, PDRC Discussion Paper Series DP2022-001.
＊4） 本川裕(2021)「幸福度の男女差の推移(世界価値観調査の日本結果)」社会実情データ図鑑(https://honkawa2.sakura.ne.jp/2472.html).
＊5） Matsuura, T., & Ma, X. (2022). Living Arrangements and Subjective Well-being of the Elderly in China and Japan. Journal of Happiness Studies, 23, 903–948.

[第8章]
＊1） Blanchflower, D. G. (2021). Is happiness U-shaped everywhere? Age and subjective well-being in 145 countries. Journal of Population Economics, 34, 575–624.
＊2） Graham, C., & Ruiz Pozuelo, J. (2017). Happiness, stress, and age: how the U curve varies across people and places. Journal of Population Economics, 30, 225–264.
＊3） Schwandt, H. (2016). Unmet aspirations as an explanation for the age U-shape in wellbeing, Journal of Economic Behavior & Organization, 122, 75-87.
＊4） Toshkov, D. (2022). The Relationship Between Age and Happiness Varies by Income. Journal of Happiness Studies, 23, 1169–1188.
＊5） 宍戸邦章(2007)「高齢期における幸福感規定要因の男女差について —— JGSS-2000/2001 統合データに基づく検討」日本版 General Social Surveys 研究論文集[6] JGSS で見た日本人の意識と行動 JGSS Research Series No.3.
＊6） Matsuura, T., Ma, X. (2022). Living Arrangements and Subjective Well-being of the Elderly in China and Japan. Journal of Happiness Studies, 23, 903–948

[終章]
＊1） Dolan, P., Peasgood, T., & White, M. (2008). Do we really know what makes us happy? A review of the economic literature on the factors associated with subjective well-being, Journal of Economic Psychology, 29(1), 94-122.
＊2） ロバート・ウォールディンガー、マーク・シュルツ (2023)『グッド・ライフ　幸せになるのに、遅すぎることはない』辰巳出版.
＊3） 佐藤一磨(2018)「専業主婦が本当に一番幸せなのか」PDRC Discussion Paper Series DP2017-010.
＊4） Başlevent, C., & Kirmanoğlu, H. (2017). Gender Inequality in Europe and the

577.
*10）池田新介（2012）『自滅する選択——先延ばしで後悔しないための新しい経済学』東洋経済新報社.

[第6章]

*1） ①Krein, S. F. (1986). Growing up in a Single Parent Family: The Effect on Education and Earnings of Young Men. Family Relations, 35(1), 161–168. ②Amato, P. R., Patterson, S., & Beattie, B. (2015). Single-parent households and children's educational achievement: A state-level analysis. Social Science Research. 53, 191-202.
*2） Mazrekaj, D., Fischer, M. M., Bos, H. M. W. (2022). Behavioral Outcomes of Children with Same-Sex Parents in The Netherlands. International Journal of Environmental Research and Public Health, 19(10), 1-12.
*3） Brenøe, A. A. (2022). Brothers increase women's gender conformity. Journal of Population Economics, 35, 1859–1896.
*4） ①Feinberg, M. E., & Hetherington, E. M. (2000). Sibling differentiation in adolescence: implications for behavioral genetic theory. Child Development, 71(6), 1512–1524. ②Plomin, R., & Daniels, D. (1987). Why are children in the same family so different from one another? International Journal of Epidemiology, 40(3), 563–582.
*5） ①Abrams, D., & Thomas, J., & Hogg, M. A. (1990). Numerical distinctiveness, social identity and gender salience. British Journal of Social Psychology, 29(1), 87–92. ②Cota, A.A., & Dion, K. L. (1986). Salience of gender and sex composition of ad hoc groups: an experimental test of distinctiveness theory. Journal of Personality and Social Psychology, 50(4), 770–776.
*6） Fujimoto, J., & Meng, X. (2019). Curse or blessing: Investigating the education and income of firstborns and only boys, Journal of the Japanese and International Economies, 53, 1-20.
*7） アメリカ: Kantarevic, J., & Mechoulan, S. (2006). Birth Order, Educational Attainment, and Earnings: An Investigation Using the PSID. The Journal of Human Resources, 41(4), 755–777. イギリス: Booth, A. L., & Kee, H. J. (2009). Birth order matters: the effect of family size and birth order on educational attainment. Journal of Population Economics, 22, 367–397. ノルウェー:Black, S. E., Devereux, P, J., & Salvanes, K, G. (2005). The More the Merrier? The Effect of Family Size and Birth Order on Children's Education, The Quarterly Journal of Economics, 120 (2), 669–700. スウェーデン:Barclay, K, L. (2015). Birth order and educational attainment: evidence from fully adopted sibling groups, Intelligence, 48, 109-122.
*8） Havari, E., & Savegnago, M. (2020). The intergenerational effects of birth order on education. Journal of Population Economics, 35, 349–377.

*7） Yamamura, E., & Brunello, G. (2021). The effect of grandchildren on the happiness of grandparents: Does the grandparent's child's gender matter? IZA Discussion Paper, 14081.
*8） 八重樫牧子・江草安彦・李永喜・小河孝則・渡邊貴子（2003）「祖父母の子育て参加が母親の子育てに与える影響」『川崎医療福祉学会誌』,13（2）, 233-245.
*9） Brunello, G., & Rocco, L. (2019). Grandparents in the blues. The effect of childcare on grandparents' depression. Review of Economics of the Household, 17, 587–613.
*10）Dunifon, R. E., Musick, K. A., & Near, C. E. (2020). Time with grandchildren: Subjective well-being among grandparents living with their grandchildren. Social Indicators Research, 148（2）, 681–702.
*11）Powdthavee, N. (2011). Life satisfaction and grandparenthood: Evidence from a nationwide survey. IZA Discussion Papers, 5869.
*12）Wang, H., Fidrmuc, J., & Luo, Q. (2019). A happy way to grow old? Grandparent caregiving, quality of life and life satisfaction. CESifo working paper series, 7670.
*13）Herbst, C. M., & Ifcher, J. (2016). The increasing happiness of U.S. parents. Review of Economics of the Household, 14（3）, 529–551.

[第5章]

*1） Clark, E. A., & Georgellis, Y. (2010). Back to baseline in Britain: Adaptation in the BHPS. halshs-00564821.
*2） Brown, S. L. & Lin, L. F. (2012). The gray divorce revolution: rising divorce among middle-aged and older adults, 1990-2010. The Journals of Gerontology Series B Psychological Sciences and Social Sciences, 67（6）, 731-741.
*3） Sato, K.（2017） The Rising Gray Divorce in Japan: Who will Experience the Middle-aged Divorce? Does the Middle-aged Divorce Have Negative Effect on the Mental Health? presented at International Population Conference 2017, November 3, Cape Town, South Africa.
*4） Guven, C., Senik, C., & Stichnoth, H. (2012). You can't be happier than your wife. Happiness gaps and divorce. Journal of economic behavior and organization, 82（1）, 110-130.
*5） 西村和雄・八木匡（2020）「幸福感と自己決定――日本における実証研究（改訂版）」, RIETI Discussion Paper Series 18-J-026.
*6） 佐藤一磨（2014）「夫の失業が離婚に及ぼす影響」,『経済分析』, 188, 119-141.
*7） レイモ・ジェームズ、岩澤美帆、バンパス・ラリー （2005）「日本における離婚の現状:結婚コーホート別の趨勢と教育水準格差」『人口問題研究』, 61（3）, 50-67.
*8） Light, A., & Ahn, T. (2010). Divorce as risky behavior. Demography, 47, 895–921.
*9） De Paola, M., & Gioia, F. (2017). Does patience matter in marriage stability? Some evidence from Italy. Review of Economics of the Household, 15, 549–

済的自立支援の拡充を——」, Life Design REPORT, Summer, 28-35.
*3） 佐々木昇一（2012）「結婚市場における格差問題に関する実証分析——男性の非正規就業が交際行動や独身継続に与える影響」,『日本労働研究雑誌』, 620, 93-106.
*4） Esteve, A., Schwartz, C., Van Bavel, J., Permanyer, I., Klesment, M., & Garcia, J. (2016). The end of hypergamy: Global trends and implications. Population and Development Review, 42, 615–625.
*5） 福田節也・余田翔平・茂木良平（2017）「日本における学歴同類婚の趨勢:1980年から2010年国勢調査個票データを用いた分析」, IPSS Working Paper Series (J), 14.
*6） 佐藤一磨（2020）「第2章　夫よりも学歴が高い妻は幸せなのか」安藤史江編著『変わろうとする組織　変わりゆく働く女性たち』, 16-31, 晃洋書房.
*7） Lee, W. S., & McKinnish, T. (2018). The marital satisfaction of differently aged couples. Journal of Population Economics, 31, 337–362.
*8） 永井暁子（2005）「結婚生活の経過による妻の夫婦関係満足度の変化」,『季刊家計経済研究』, 66, 76-81.
*9） Sato, K. 2022. Does the marriage with the man who is the eldest son bring happiness to women?: Evidence from Japan, PDRC Discussion Paper Series DP2022-004.
*10）Fujimoto, J., & Meng, X. (2019). Curse or blessing: Investigating the education and income of firstborns and only boys, Journal of the Japanese and International Economies, 53, 1-20.
*11）佐藤一磨（2021）「夫婦関係満足度と幸福度——夫婦仲が悪い結婚と離婚、幸福度をより下げるのはどちらなのか——」, PDRC Discussion Paper Series DP2021-001.

［第4章］

*1） ①Stanley, K., Edwards, L., & Hatch, B. (2003). The family report 2003: Choosing happiness?. London: Institute for Public Policy Research. ②Toulemon, L. (1996). Very few couples remain voluntarily childless. Population, 8, 1–27.
*2） Blanchflower, D. G., & Clark, A. E. (2021). Children, unhappiness and family finances. Journal of Population Economics, 34, 625–653.
*3） ①永井暁子（2005）「結婚生活の経過による夫の夫婦関係満足度の変化」,『季刊家計経済研究』, 66, 76-81. ②山口一男（2007）「夫婦関係満足度とワーク・ライフ・バランス」,『季刊家計経済研究』, 73, 50-60.
*4） 山口一男（2005）「少子化の決定要因と対策について——夫の役割、職場の役割、政府の役割、社会の役割」,『季刊家計経済研究』, 66, 57-67.
*5） 朝日新聞「父親のモヤモヤ」取材班（2020）『妻に言えない夫の本音　仕事と子育てをめぐる葛藤の正体』, 朝日新書.
*6） ①Huijts, T., Kraaykamp, G., & Subramanian, S. V. (2013). Childlessness and psychological well-being in context: A multilevel study on 24 European countries. European Sociological Review, 29(1), 32–47.　②Dykstra, P. A. (2009). Older adult loneliness: Myths and realities. European Journal of Ageing, 6(2),90–101.

[第2章]

*1） 厚生労働省（2018）『平成30年版　労働経済の分析』第2-（3）-27図　役職に就いていない職員等における管理職への昇進希望等について（https://www.mhlw.go.jp/wp/hakusyo/roudou/18/backdata/2-3-27.html）.

*2） ①Marmot, M. G., Bosma, H., Hemingway, H., Brunner, E., & Stansfeld, S. (1997). Contribution of job control and other risk factors to social variations in coronary heart disease incidence. Lancet, 350(9073), 235–39. ② Stansfeld, S. A., Fuhrer, R., Shipley, M. J., & Marmot, M. G. (1999). Work characteristics predict psychiatric disorder: Prospective results from the Whitehall II study. Occupational and Environmental Medicine, 56(5), 302–7. ③Ferrie, J. E., Shipley, M. J., Stansfeld, S. A., & Marmot, M. G. (2002). Effects of chronic job insecurity and change in job security on self reported health, minor psychiatric morbidity, physiological measures, and health related behaviours in British civil servants: the Whitehall II study. Journal of Epidemiology and Community Health, 56(6), 450–54.

*3） Boyce, C. J., & Oswald, A. J. (2012). Do people become healthier after being promoted? Health Economics, 21(5), 580–96.

*4） Johnston, D. W., & Lee, W.-S. (2013). Extra status and extra stress: are promotions good for us? Industrial and Labor Relations Review, 66(1), 32-54.

*5） Nyberg, A., Peristera, P., Westerlund, H., Johansson, G., & Hanson, L. L. M. (2017). Does job promotion affect men's and women's health differently? Dynamic panel models with fixed effects. International Journal of Epidemiology, 46(4), 1137-1146.

*6） 佐藤一磨（2022）「管理職での就業は主観的厚生と健康にどのような影響を及ぼしたのか」, PDRC Discussion Paper Series, DP2022-002.

*7） 内閣府（2020）『男女共同参画白書 令和2年版』第11図　階級別役職者に占める女性の割合の推移（https://www.gender.go.jp/about_danjo/whitepaper/r02/zentai/html/zuhyo/zuhyo01-02-11.html）.

*8） ①Jolly, N.A. (2022). The effects of job displacement on spousal health. Review of Economics of the Household, 20, 123–152. ②Marcus, J. (2013). The effect of unemployment on mental health of sposues– evidence from plant closures in Germany. Journal of Health Economics, 32, 546–558. ③ Mendolia, S. (2014). The impact of husband's job loss on partners' mental health. Review of Economics of the Household, 12(2), 277–294.

*9） 佐藤一磨・影山純二（2023）「女性活躍推進法は非管理職男性の主観的厚生にどのような影響を及ぼしたのか」, 日本人口学会第75回大会（南山大学、2023年6月10日発表）

[第3章]

*1） 佐藤一磨（2023）「子どもの有無による幸福度の差は2000～2018年に拡大したのか」,PDRC Discussion Paper Series , DP2022-006.

*2） 松田茂樹（2010）「若年未婚者の雇用と結婚意向 ――少子化対策としても若年層の経

脚注一覧

本書で引用した学術論文の一覧を以下に掲載します。

＊

［序章］

＊1） Krueger, A. B., & Schkade, D. A. (2008). The reliability of subjective well-being measure. Journal of Public Economics, 92(8-9), 1833-1845.

＊2） Frey, B. S., & Stutzer, A. (2001). Happiness and Economics, Princeton University Press, Princeton.

＊3） Diener, E., & Tov, W. (2006). National Accounts of Well-Being. K. Land (ed), Encyclopedia of Quality of Life.

＊4） Verduyn, P., Ybarra, O., Resibois, M., Jonides, J., & Kross, E. (2017). Do social network sites enhance or undermine subjective well-being? A critical review. Social Issues and Policy Review, 11, 274–302.

＊5） Wirtz, D., Tucker, A., Briggs, C. et al. (2021). How and Why Social Media Affect Subjective Well-Being: Multi-Site Use and Social Comparison as Predictors of Change Across Time. Journal of Happiness Studies, 22, 1673–1691.

＊6） Tromholt, M., Marie, L., Andsbjerg, K., & Wiking, M. (2015). The Facebook experiment: Does social media affect the quality of our lives (https://www.happinessresearchinstitute.com/_files/ugd/928487_680fc12644c8428eb728cde7d61b13e7.pdf).

［第1章］

＊1） Kahneman, D., & Deaton, A. (2010). High income improves evaluation of life but not emotional well-being. Proceedings of the National Academy of Sciences, 107(38), 16489-93.

＊2） Killingsworth, M. A., Kahneman, D., & Mellers, B. (2023). Income and emotional well-being: A conflict resolved. Proceedings of the National Academy of Sciences, 120(10), e2208661120.

＊3） Binder, M., & Coad, A. (2011). From average joe's happiness to miserable jane and cheerful john: using quantile regressions to analyze the full subjective well-being distribution. Journal of Economic Behavior & Organization, 79(3), 275-290.

＊4） Easterlin, R. A.(1974). Does economic growth improve the human lot ? Some Empirical Evidence. In David, P. A, and W. R. Melvin (eds.) Nations and Households in Economic Growth, Academic Press, New York, USA, 89-125.

＊5） 大竹文雄・白石小百合・筒井義郎（2010）『日本の幸福度 格差・労働・家族』日本評論社.

＊6） Rudolf, R., & Bethmann, D. (2023). The paradox of wealthy nations' low adolescent life satisfaction. Journal of Happiness Studies, 24, 79–105.

＊7） 金敬哲（2019）『韓国　行き過ぎた資本主義　「無限競争社会」の苦悩』講談社.

本書は、プレジデント・オンラインに掲載した
記事を加筆・修正して書籍化したものです。

佐藤一磨（さとう・かずま）

拓殖大学政経学部教授。1982年生まれ。慶應義塾大学商学部卒業、同大学院商学研究科後期博士課程単位取得退学。博士（商学）。外資系経営コンサルティング会社、明海大学を経て、2016年から拓殖大学政経学部准教授に就任し、2023年から教授。専門は労働経済学・家族の経済学・幸福の経済学。既婚、一児の父。

残酷すぎる

幸せとお金の経済学

2023年11月20日　第1刷発行
2024年10月11日　第2刷発行

著者　佐藤一磨
発行者　鈴木勝彦
発行所　株式会社プレジデント社
〒102-8641
東京都千代田区平河町2-16-1
平河町森タワー13階
https://www.president.co.jp/
電話　編集（03）3237-3732
販売（03）3237-3731

デザイン　小口翔平＋後藤司＋村上佑佳（tobufune）
イラスト　Asagi-stock.adobe.com
DTP　キャップス

販売　桂木栄一　高橋 徹　川井田美景　森田 巌　末吉秀樹
編集　工藤隆宏
制作　関 結香
印刷・製本　中央精版印刷株式会社

ISBN 978-4-8334-2518-6
Printed in Japan